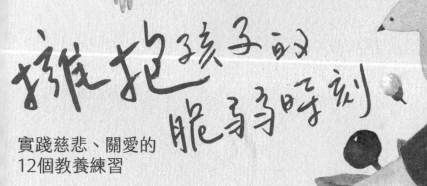

擁抱孩子的脆弱時刻

實踐慈悲、關愛的
12個教養練習

Being at Your Best
When Your Kids Are at Their Worst
—Practical Compassion In Parenting

金・約翰・培恩 Kim John Payne 著

何修瑜 譯

獻給阿爾穆特和安妮，
衷心感謝你們默默的支持，
並且相信我們所做的一切。
這一切是為了關照家庭生活，
以及多年來受到你們溫柔觸動的孩子們。

目錄

引言 ……………………………………………………… 7

PART 1　找出問題 ………………………………… 19
為什麼我們無法表現最佳狀態？

第一章　陽台與遊樂場 ………………………… 21

第二章　療癒重複性情緒拉傷 ………………… 27

第三章　脫離過往的軌道 ……………………… 33

第四章　傳承與新生的教養風格 ……………… 40

第五章　脫離現在的軌道 ……………………… 53

第六章　什麼使我們抓狂？如何解決？ ……… 64

第七章　脫離未來的軌道 ……………………… 81

PART 2　關鍵之鑰 ………………………………… 97
同情心回應練習

第八章　你的四種層次 ………………………… 99

第九章　情緒的吸氣：療癒激動的情緒 ……… 108

第十章　道德的吐氣：釋放順暢的情緒 ……… 117

第十一章　同情心回應練習：第一階段 ……… 126

第十二章　同情心回應練習：第二階段 ……… 135

第十三章　同情心回應練習：給孩子 ………… 141

PART 3　美麗的蛻變 …………………………… 161

禮物——強大的你

第十四章　提高對情緒反應的覺察 ………… 163

第十五章　享受成果 ………………………… 182

第十六章　以價值觀為中心 vs 以孩子為中心 192

第十七章　修復的重要性 …………………… 204

結語 ………………………………………… 220

附錄 ………………………………………… 222

參考資料 …………………………………… 229

引言

不會有父母原本就打算生氣，但情緒卻一發不可收拾——而事後他們的心情通常很糟。如果孩子生活在父母經常情緒失控的屋簷下，那是什麼情形？以下是一名成人回顧童年時期的敘述，以及他的感想。他描述的如此真實，有助於我們藉由孩子的雙眼去看問題。你會看到這名10歲的孩子，他試圖理解母親如何在自我情緒調節中掙扎。

來自一位孩子的觀點

我的母親深受健康問題所苦，她行動困難，時

常感到挫折與疼痛，這理所當然使她無法應付生活上的需求。現在回想起來，我實在無法想像她有多麼辛苦地將我們撫養長大，還要當個體貼的妻子，同時照顧她年邁的雙親。

她對自己、對孩子以及對生活中其他方面的標準都很高，儘管疲憊不堪，面對如何完美操持家務時，她還是很有創意。我記得有天回家，看見她把吸塵器的軟管，用膠帶捆在她的助行器上——真是個好主意！不過這表示她必須在屋裡來回走數次，才能把地毯上每一顆髒東西除去。那必定很痛苦又煩人，但她還是把地毯吸好了。

數十年後，我們終於說服她雇請專業清潔婦，但沒有減少她的家務，因為她堅持把家裡每一吋地方都打掃乾淨，才讓那位女士進門。我母親沒有強迫症，這只是她維持形象的方式——那一代婦女都有這項特點。

然而，關於她的一切努力也有缺點。她常大發雷霆，把憤怒的矛頭指向我。我無疑是家裡最倔強的孩子，總在她盡責履行日常工作時激怒她、測試她的耐性。在我印象鮮明的一些童年記憶中，往往和厚皮帶有關——那個年代常見的懲罰方式。我挨打的時候，彷彿會從身體抽離，看著她扭曲的臉

孔;甚至可以說,我是以一種不解和近乎怪異的冷靜態度,看著整個挨打的場景。她最傷人的話,就是她說我是個多麼糟糕的小孩、我的未來毫無希望——這些話語比皮帶傷我更深。

10歲時的我已能挺身而出,這樣的對待方式終於結束。有天我又激怒了她(我根本不記得自己做了什麼,但一定相當挑釁),她伸手要拿皮帶,那時我直視她的眼睛說,「如果你再打我,我就用一樣的力氣還手,然後你再也不會看到我。」這話從10歲孩子的口中說出,是認真的。我早已規劃著搬去一位好心的親戚家、我有錢買巴士車票,也把預先打包好的行李藏起來,一切都備妥。感謝老天,當時我沒有打她,但我的威脅把她嚇壞了。母親哭了,奇怪的是讓她這麼難過,我感覺很糟。之後她不再打我,也減少對我的吼叫和辱罵,但我們之間的鴻溝愈來愈大。

我時常感到困惑,我想知道母親是否一旦處於爆怒,就無法控制自己?我曾聽說一種成癮的定義,是「有漸增的和不由自主的傾向,以外在刺激逃避痛苦、無聊、沉默、內在發展與道德責任。」

一個人爆怒時拿別人「出氣」,這是最明顯的外在刺激形式。以我母親的例子而言,她的言語與

肢體侵略，或許能使她避免面對自己生命中不好的事。對他人怒吼、狠狠責怪與羞辱他人的人，或許正是藉此逃避自己不想面對的事。

我的母親每次情緒爆發後，很少再說什麼，彷彿一切不曾發生過。這種情況下，無論哪個孩子都會懷疑，「那件事真的發生了嗎？」我和許多面對相同情況的孩子一樣，從來沒想過要告訴誰。說來也許奇怪，但如果母親對自己失控的情緒感到抱歉，哪怕只有一丁點跡象，我都願意接受。如果事發後我們能有個短暫但溫柔的碰觸，暗示她後悔了並希望重建關係，對我而言都意義重大。然而一次也沒有發生，於是我們的關係陷入泥沼，一直到我成年後都是如此。

為人父之後，我被迫面對自己的情緒。令我驚訝的是，從沮喪轉變為憤怒不費吹灰之力——但我最不想停留在這狀態。我開始理解母親養育子女的困難，隨著時間，我已能明白是什麼促使她做出傷人的舉動、說出傷人的話語。儘管我希望那些艱辛的日子從不存在，但現在有其他改變的機會：我體驗過面對一個無法控制情緒的成人是什麼感覺，而那位成人原本以為能控制自己。最重要的是，我因此下定決心、盡全力不要走上憤怒的老路。我也明

白，當事情出了差錯，修復關係的絕對必要性，以及沒有這麼做的代價為何。

我曾聽說，「你無法提供未曾得到的東西。」意思是說，如果我父母沒有陪在身邊，我也無法陪在孩子身邊——但我不這樣認為。當寶寶出生、第一次把他們抱在懷裡時，我們不是想著自己的過去和我們沒有得到的事物。在那一刻，不言而喻的挑戰，是找出或許連我們自己也不知道的內在能力，並且活在當下，持續愛著小小的、脆弱的孩子。即便有天他會推開我們，我們也必須深入內心，找出我們擁有的關愛與保護孩子的潛能。

在洪水來臨前打造方舟

你是否曾發現自己處在一種狀態，這時只要孩子按下某個開關，你就失控了？你聽見自己對孩子說話的聲音，但似乎停不下來。那種崩潰又強烈的聲音，來自某種莫名的「壓力退化」——你正用父母過去對你的方式說話。當時你還小，而他們過得很辛苦——當時你發誓，自己長大後絕不這樣跟孩子說話。

但現在，你卻以同樣嚴厲的語調說出同樣的

話。看到自己這種行為已經很糟了，你既對孩子發脾氣，也氣自己。你其實希望有人能介入並拯救你，但如果朋友或另一半居中協調，你反而大吼：「我沒事！拜託別管我！」

這是情緒慣性的循環，它使全世界的父母與孩子滿懷憤怒與羞恥。你的孩子說了些急躁的話，或做了類似的事；你提醒他們你無法接受，並請他們停止；然而他們要不是轉移話題就是忽略你說的話，甚至變本加厲；你忍了一會兒，但你感覺到憤怒的情緒正逐漸升高——當惱怒沸騰，你做出激烈回應，他們總算注意到你！但你同時感覺很糟，明白一切正在加速惡化，事情發展絕對不妙。

孩子似乎總能準確地挑動你憤怒的神經，但如果你能打破這樣的惡性循環、轉移當下湧現那對孩子根深蒂固的反感？如果就在緊張氣氛升高的時刻，你有能力找回自己的聲音，堅定不疑，而不是以自己過去未解決的經驗做出回應，豈不是令人鬆了一口氣？

好消息是，你有辦法做到。大部分父母都知道，家庭的劍拔弩張一觸即發。緊張氣氛升高時，正向的替代方案必須立刻產生作用，它得發展成一種情緒的肌肉記憶，成為新的本能反應，並傳達給

孩子，讓他們知道你不再相同。即便你的孩子以輕率的行為挑釁你，但你在一個全新境界，變得更專注、堅定，並且充滿愛。

修復關係

生活有好有壞，親子間偶爾會有衝突，而我們有時會無法控制情緒。當我們的理智斷線，在盛怒中說或做一些事，無論那些話多有理由說出口，我們表達的方式卻錯了。

我們當然不想變成這種父母。你並不希望發生那場面，卻發生了。與其陷入慚愧，好幾小時甚至好幾天都處於受傷的情緒和難堪的沉默，不如利用本書的練習，讓自己平靜下來。這些練習能幫助你統整挫折感，找回關愛和平衡的自我。最重要的是，這本書能讓你在短時間內修復與孩子的關係，使日常生活與親子生活都能回到常軌。

擺脫養育之路的跌宕起伏

走在教養的路上，我們會經歷情緒的高峰也會經歷低谷，偶爾在其中來回擺盪是難免的，也能忍

受──兵來將擋，水來土掩，但不是長久之計。在我們快要被生活壓垮時，如何找到堅定的（或有趣的）中間立場？

為人父母，我們很難預料會碰上什麼事，但能控制的是應對的方式。我們可以打破壓抑與退縮、慣性的情緒模式。聽來違背直覺，不過著手進行的方式正是察看教養過程中的觸發點，熟悉使我們迷失方向的挫折感與不恰當的感受。

我們也需要停下來，肯定自己做對的時候。我們要提醒自己事情可以順利進行，我們也能成為有趣、充滿愛甚至睿智的父母，並藉此鼓勵自己。

本書前幾章列出孩子挑釁父母最常見的方式。面對這樣的狀況，我建議採取一些實用的策略，直接處理，同時幫助父母深入理解將自己困在惡性循環之中的議題。

書中後面幾章則把焦點放在「同情心回應練習」，它能敞開我們內心的道路，溫柔但有力量，使這條路更寬廣，並引領我們接受自己可以是既沮喪又很了不起的──兩者都沒問題。之所以叫「練習」，因它真的是練習：我們努力演練，讓自己準備好面對家庭生活中難免出現的不順心。這些練習幫助你移除舊有的、討厭的情緒垃圾，讓你更能運

用直覺。一旦與內在聲音連結，你會發現自己對孩子說的話更和善，並出自更清晰的思考。

畢竟，不只是我們和孩子一起做的趣事，有助於建立健康的親子關係。如何處理情緒風暴與困境，最終會定義孩子眼中的我們。

我們總是擁抱孩子，只是方式不同

某位家長曾對我說：「孩子有狀況時，我實在很掙扎。我不知道何時該介入、解決問題，何時該退後一步，讓他們自己想辦法。結果孩子注意到了我的猶豫不決。」

介入或退後一步？只把焦點放在這兩種選擇，未免太過侷限。反之，如果明白父母總是在情緒上擁抱著孩子，就能改變自己看待情緒臨界點的方式。有時孩子沒什麼問題，我們輕輕環抱，就能給予他們把事情做好的空間。另一些時候，我們需要把孩子拉近，然後抱緊，讓他們感受到擁抱產生的安全感，以及我們溫暖的支持。

平常我們過著家庭生活，這時的擁抱應該不鬆不緊——這也是很好的立足點，視情況從這個程度收緊，或有需要時提供更多空間。

找到自己的聲音

　　書中以心為本的策略，能開啟比平常更寬容的回應方式，有助於我們避免四種典型的錯誤教養。

1. 使我們脫離焦慮導向的教養方法。這種直升機教養方式就像在孩子上方盤旋，製造更多亂流。
2. 幫助我們避免放任，放任孩子的結果往往在無意間使親子關係疏遠。
3. 避免我們不加以考慮就倉促介入。孩子可能會將我們過於強烈的回應，視為具有威脅性或反應過度。
4. 提供實用的方式去觀察正在發生的事，並且有自信地判斷該堅定掌控全局、採取中庸之道，或點到為止。

　　當我們更有自信，就能用正確（或至少是和諧）的語氣和陷入困境的孩子對話。這時我們便加深了親子關係，信任感由此建立。未來孩子迷惘時，他們不會推開我們，因為我們就像安全的情緒港灣，是他們可以休息和重新整頓自己的地方。

生氣的孩子最脆弱

　　就像書名所說，為人父母最希望的是，在孩子最脆弱的時候展現最強大的關愛。童年期、前青春期和青春期的孩子陷入憤怒和難過的情緒時，他們的外在被層層卸除，暴露出最深的需要和最敏感的內心。正是這樣的時刻，我們做的事和說的話尤其重要，因為它會滲入孩子的內在。這也是為什麼我們最鮮明的童年記憶，往往是我們在困境中掙扎時，父母如何處理——是粗糙應付，或是細膩和關愛的態度？

　　本書最重要的目的，是幫助你找到平衡點，替你和孩子創造安全的地方，在這些定義教養方式的關鍵時刻停下來，並且重新開始。

　　本書分成三大部分。第一部分探討讓你無法成為理想中父母的脫序行為。我們會檢視哪些事可能觸發你，使你無法擺脫面對孩子時最不想要的舊有行為與反應習慣。第二部分深入「同情心回應練習」，這是種強大的想像與冥想練習，能在孩子使你抓狂時調合你的挫折與掙扎，同時鼓勵你，記得自己可以當和藹、關愛、幽默和有能力的父母。第三部分詳述當你找到屬於你的平靜、有能力的聲音

時，感受到改頭換面的成果。閱讀本書並不像傳統的勵志書籍，而更像是一張地圖，帶你踏上內在的旅途，你可以在其中找到一個位置；而在那裡的你，每天都很滿意自己的教養方式。隨著孩子長大成人，進入社會，你會覺得自己扎扎實實的完成了一份工作，而你對他們的最終期待將會實現：孩子會一切安好。

PART 1

找出問題

為什麼我們無法表現
最佳狀態？

在第一部分，我們會檢視引發情緒以及失控的原因，並探究：

- 如何既身在家庭衝突中，同時從陽台向下望、觀察局勢？
- 找出自己內建的反應習慣（我稱之為重複性情緒拉傷）以及如何療癒？
- 面對親子關係緊張時，生理反應透露什麼？
- 如何從衝突迴避（或稱和諧上癮）以及對於其他家庭衝突的回應，追溯到自身受到的教養方式？

- 孩子試探我們與推開我們的理由。
- 覺得被孩子忽視或輕視時，讓孩子心懷感激的實用策略。
- 如何運用四項簡化家庭生活的支柱，在日常創造進一步的平靜與平衡？
- 如何在影響範圍內產生改變，並且維持家庭價值觀？

第一章

陽台與遊樂場

　　我的學生拉開儲藏室的門，「太棒了！」他們大叫，「有團好亂的繩子！」他們注視的不是幾根繩子，而是一團長幾百碼、亮橘色的繩子，我們用來當作遊戲課的界線。我在教學生涯中，很早領會到有些小學生玩鬼抓人時，為了不被抓到，會跑到隔壁鎮上，所以設定遊戲邊界是很高明又必要的舉動。我同事也會用這條繩子，但他下課時總是沒空收整齊，而把糾纏的繩子整團扔進儲藏室。

　　我班上的同學於是化身解繩子專家。事實上他們非常期待做這件事，甚至會為此計時，看能多快解開！他們學習到兩種訣竅。第一是派幾個孩子爬

上與校舍相連的塔樓，孩子從塔樓上的陽台往下俯瞰，可以清楚看見遊樂場，他們會大聲喊出指示，幫忙底下的解繩子隊員。

孩子學會的第二種技巧是，看到打結絕對不要拉緊。如果拉了，繩子會纏得更緊，幾乎沒辦法再使用。他們會把每個纏住的地方鬆開，製造更多空間。在投注許多時間和精力後，糾結的繩子解開了，孩子一起發出勝利的呼喊。他們把解繩子的差事變成一項有趣的活動，稱為「棘手遊戲」。

找回強大與平靜的教養練習
情緒的糾結與緊張

孩子解繩小技巧藏有大大的隱喻。我們能將同樣簡單的原則運用在所有人際關係上，尤其是教養情境。當我們發現自己與孩子陷入糾結的情緒，該怎麼處理？

第一步：爬上高塔，站在陽台

首先，我們要保持客觀——這不太容易，但相當必要。我們爬上自己的教養之塔，站在陽台上，親眼看看事情的發展，

這麼做有助於確認孩子是否有需求沒被滿足，導致劍拔弩張的局面？

這不表示我們要把自己從當下的局面抽離出來，而是用較宏觀的角度引導發展方向。從客觀的有利位置，我們更能幫上忙，看出哪裡纏在一起，喊出指示。而不是盲目地把情況弄得一團糟，束手無策。正如一位有三個孩子的母親所說：「我的思考與觀察有助於在事情失控前，改變我的所作所為。」

接下來的練習能幫助你站上陽台，而不是對孩童或青少年表現出抽離和冷淡的態度。

建立連結：「我看得出來，這對我們倆來說都不容易。」

改變你的第一個反應，就能改變你和孩子之間爭執的走向。以「我看得出來」的陳述方式開啟對話，傳達你一直在觀察的訊息，並保證你沒有動怒。最重要的是這麼說能巧妙地對孩子強調，你是他心愛的家人。

其他說法：
「我看得出來現在的狀況不太好。」
「我看得出來這件事讓你很困擾。」

「我看得出來現在你需要一點空間，
我們晚點再弄清楚你的煩惱。」

第二步：解開遊樂場的繩子

我們很容易糾結在怪罪與沮喪的情緒
中，這時我們會急著扯繩子，因而感到備
受束縛。我們愈拉，情況愈緊繃，最後讓
家庭關係綁手綁腳，變得一團混亂。導致
所有可能的解決方案，迷失在誤解與憤怒
的咆哮聲中。這時我們需要的不是扯繩
子，而是拉鬆繩結，產生空間。

取得孩子的觀點：「你能幫我理解你怎麼看這件事嗎？」

任何情況的真相都是一趟旅程，而不
是單一目的地。關於如何造成困難的狀
況，孩子有自己的觀點，但我們往往假設
自己看到的就是事情原貌。做為大人，我
們得比孩子更客觀，以更大的格局理解事
情，當我們停下來詢問他們的觀點時，教
養更能發揮效果。先聽聽他們的說法會更
好，而不是馬上跳到問題解決模式。

我喜歡這樣問：
「你能否幫助我理解，這件事你是怎
麼看的呢？」

如果情況牽涉到兩個人以上，你可以這麼補充：

「你的看法可能跟我或哥哥／弟弟不一樣。沒關係，這很正常。」

如果只有一個孩子和你陷入混亂的狀況，向他解釋對事情有不同看法是很正常的，這有助於你們堅守各自的真相。由於你容許不同觀點、鼓勵互相尊重的態度，你仍然和孩子保持連結。如果有兄弟姊妹，他們常會爭著要你站在自己那邊，導致問題快速惡化，此時利用第二種陳述句，可避免孩子堅持只有自己說真話，其他人都在說謊，藉此試圖拉攏你。

改變語調：重點不在你說的話，而是你說話的態度。

前文提到了兩種回應策略：「我看得出來……」及「你能否幫助我理解……」免去你的尖銳語調。孩子對這種語調無比敏感，更重要的是，這麼說能確實幫助你轉換到不同的角度。與其落入令人再熟悉不過的白熱化模式，你可以站在客觀的陽台上，和遊樂場上的孩子交流。

我很喜歡看孩子們在「棘手遊戲」中絞盡腦汁，解決問題。即便知道去拉打結

的地方沒有用，有些孩子還是忍不住。每次出現這種情形，就會有人說：「不要拉！拉繩子只會卡更緊。」或是「多弄出一些空間！」

還有個九歲的女孩大喊：「不要勒死它！讓它呼吸。」這正是我們的目的。練習讓自己從陽台上觀察我們和家人，同時懷抱著愛，和遊樂場上的他們互動。

第二章

療癒重複性情緒拉傷

　　我們可以做一個有力對比，將如何對待身體上的問題，看做如何以最好的方式處理日常教養的情緒拉傷。物理治療師或職能治療師以兩種典型的方式處置身體有毛病的部位。首先他們判定，哪些重複性動作導致肌肉發炎或磨損以及關節撕裂，如果特定的重複動作已經成為習慣，也就是所謂的動作盲點，必須加以矯正才能治癒。其次，治療師按摩周邊區域，放鬆相鄰的肌肉，而不是直接推或戳受傷處，因為這會造成太多傷害，可能加重發炎。他們進行以上處置，避免緊繃的範圍擴大，同時創造更放鬆的空間，讓身體不再發炎。

我們在家庭關係中，也常有行為上的盲點，我們重複同樣的事，造成情緒發炎。只要意識到這些壞習慣，我們就能了解痛苦的成因，並思考可能的改變。以下是我們可以發覺的壞習慣例子：

- 帶有挑釁或諷刺意味的溝通方式
- 不經意的奚落
- 過於武斷的質問

我們不是故意用這種方式和孩子互動，但這麼做會啟動孩子的自我保護需求，孩子面對已成為模式的這些行為，會以違抗或退縮做為回應，我稱這些反應為抵制或撤退。

當我們對家人重複挑起有問題的情況時，會使惱怒的情緒爆炸。孩子的行為確實有時非常惱人，尤其是他們一再做出同樣的事情。但失望地用強烈措辭對孩子說：「你的行為很幼稚。」或「你是老大，應該更懂事。」只會讓他們更緊繃。你和孩子在相處上可能已有不少痛處，與其戳這些痛處，不如試著製造空間，細膩地移轉情緒反射作用，這麼做能帶來驚人的效果。

大衛・萊文（David Levin）身為作家與企業行

銷專家，當他檢視不如預期順利的活動，會忍住捨棄一切、從頭開始的衝動。他說：「我需要搞清楚我忽略了什麼，然後做出微小2°方向性改變，通常每件事就會上軌道了。」

教養的道理也一樣。如果我們可以找出哪裡需要那些小小的2°樞紐，用上這些樞紐，就能開闢更健康的路徑，與家人建立連結。

找回強大與平靜的教養練習
發燒性敏感

孩子與我們關係十分協調時，不太需要讓彼此有更多空間。當你和孩子之間已變成情緒發燒時，更是如此。此時他們處於高度警戒，你的任何正向改變，他們都會立刻接收，讓警戒心迅速降低。畢竟，所有人都傾向放鬆、擁有安全感。

或許需要一段時間才能看見療癒的效果，但改變絕對是持續進行的。正如家有兩位青少年的爸爸吐露心聲：「我已養成冷嘲熱諷的習慣，例如『噢，又來了。』我沒有輕蔑的意思，而且這麼說似乎比吼叫好多了，但孩子每次聽到這話的反應都

很糟。我替自己辯解，對妻子說：『是他們先開始的。』她回答：『你的口氣很像小朋友。』我們接下來的對話也不怎麼好。某次我靈光一閃、改變態度，神奇的事發生了。我說：『好吧，告訴我你們在煩什麼？』他們彷彿一直在等我停止用言語攻擊似的，就這樣敞開了心胸。」

我們將會在本書第二部分詳述同情心回應練習，深入討論如何避免拉緊繩結或戳刺痛處。現在我們先利用剛才讀的內容，建立自己的情緒早期警報系統。下面說明執行的方式。

找回強大與平靜的教養練習
擠壓感

我們常能感受到問題或爭執即將發生。隨著時間，意見不和在心中發酵，逐漸累積。但即便爭執突然爆發，我們也會有幾秒鐘防備衝擊。很多人形容他們感受到即將來臨的爭吵，有如一種被擠壓的感覺——這是人類的直覺反應。某位母親告訴我：「像是有人抱緊你，但絕不是舒服的擁抱。」

下次你面臨和伴侶或孩子的爭執時，先停下來，想想自己感受到的是什麼形式的擠壓。然後盡可能想辦法爬上陽台、看看自己，以及你作何反應。留意身體哪部分感受到擠壓，以及那是什麼性質的擠壓。例如你可能感受到肩膀緊繃聳起，或者你雙手握拳。有些父母提到他們的喉嚨很緊，聲音聽起來像脖子被掐住。我則是注意到自己會把膝蓋鎖死，做出「準備接受撞擊」的姿勢。如果當下太難察覺，可以事後再仔細回想。

如果你能激勵自己做到自我檢查，就能發生微小但顯著的改變。如同職能治療師找出哪種動作壓迫有問題的部位，你也可以把注意力集中在潛意識的情緒習慣。你無法每次都改變自己的反應，但有可能降低緊張情勢的頻率。你愈有意識，愈有機會避免重複性情緒拉傷。

處在有壓力的情況時，我們的身體會先有反應，然後才冒出話語。事情發生得很快沒錯，不過我們還是有可能訓練自己，留意身體何時開始進入擠壓模式。在挑釁的話快要脫口時，我們能將身體反應當作警告信號。從腦科學可以清楚看出，你開始觀察的那一刻，就能推翻你戰鬥或逃跑的大腦反應。製造出短促的暫停無比

重要，這樣才能擺脫舊有的、不健康的情
緒習慣。

　　簡而言之，你建立了一個早期警告系
統，避免自己過度使用一小群情緒肌肉，
讓親子間的交流由更廣泛的情緒肌肉執
行。當一天結束時，躺在床上的你雖然感
到疲勞，卻會對自己今日好好度過了家庭
生活感到滿意。

─────────────────────

第三章

脫離過往的軌道

　　多數時候，家庭生活只是順著日常的軌道運行。當這輛火車在陡坡上——也就是需要處理某些議題時，會放慢速度，接著重拾正常節奏。但當事情發生得太快，會覺得家庭生活偏離常軌。脫軌很危險，可能會有人受傷；當一切停止前進，也需要花很大的力氣，才能讓全家人回到軌道上。

　　接下來，我們將探究家庭生活脫軌的常見原因。有些脫序情形是由過去未解決的事物所引發，這並不意外；另一些是對現狀做出的回應，還有些是我們對孩子的未來感到焦慮所致。

　　當我們與孩子互動的緊張氣氛逐漸累積，我們

往往能感受到，辨認並理解這些慣性的惡性循環，可避免家庭生活脫軌。你不一定認同書中所有內容，然而當你確實產生共鳴時，請放下書，試著把領悟應用到日常生活中。

妥善存放

東西會愈堆愈多，尤其是那些找不到地方井井有條收拾的東西。當我們發現某個東西沒收好，但沒有更好的選擇，往往把它留在原處。對於這東西一直出現在眼前，我們或許會覺得有點礙事。我們也可能拿起它，在屋裡繞個幾圈，然後把它放在另一個同樣不合適的地方。

有趣的是，以上描述不但適用於髒衣服，也適用於未解決的情緒。但這是怎麼發生的？

首先，正如我提過，我們往往沒有特定的地方來收藏那些未解決的情緒。其次，即使有這個地方，除非它伸手可及，否則在忙碌的生活中，我們很容易把它留在原地。不管是哪種情形，東西不在恰當位置，這件事會讓你感到沮喪，也會把你的空間堆得雜亂無章。

一物吸一物

你是否曾經注意，如果某樣東西沒地方放或沒有歸位，它往往會吸引其他被亂丟的東西？似乎有某種奇妙的磁力作用。孩子有第六感，知道你的屋裡或心靈中，無意識的或懸而未決的地方在哪裡。他們會把沒有洗的情緒髒衣服，堆放在你旁邊。過不了多久，那堆討人厭的東西就會堆積如山。

我們總是希望事情可以井然有序些，結果卻愈來愈心煩。如果忽略逐漸累積的混亂事物，最後會演變為夾雜憤怒的一連串行動，只因我們「受夠了！」到頭來，我們都會被自己內心懸而未決的情緒壓垮。

「凡令你歇斯底里的，必累積已久！」

事實上，使我們憤怒的不只累積已久的事物，還有缺乏處理累積事物的內在秩序感的挫折。創作歌手珠兒跟我說：「凡令你歇斯底里的事物，必累積已久。」這句話出自梅樂蒂・碧緹的著作《每一天，都是放手的練習》的引言，我發現這句話非常傳神的描述了一件事：我們的情緒爆炸與觸發它的

事件相比，多麼不成比例。大多數的緊張情緒，來自我們在童年與青少年時期懸而未決的感受。我們成年後沒有處理的議題，也會導致極大的情緒爆發，令孩子感到困惑、驚嚇。他們會因此變得小心翼翼，和我們保持距離，但這會引發更多管教問題，繼而演變出令人氣餒的、親子關係失和的惡性循環。

打破惡性循環的第一步，是探究我們緊抓不放又懸而未決的經驗，以及我們看待它的方式。「同情心回應練習」的宗旨，需要我們找出並過濾無意識的情緒，但不是以廣泛而一般的方式。反之，我們的目的更謙卑，我們縮小向外望的鏡頭光圈，聚焦在過去對現在教養方式產生的影響。

正如某位父親寫道：「我的母親是超級控制狂，她從未好好聽我說話，我痛恨這種情形。而當我自己的孩子在很小的事情上沒聽我的話時……轟！我會莫名其妙地爆怒。我發現自己正在上演童年時期令人痛苦的惡性循環，我了解到對孩子吼叫並不能讓他們聽話。我只是在重複自己與母親之間的行為。」

和諧上癮

　　追求快樂就像一場令人焦慮的真實夢境，在夢境中，我們不由自主追逐的目標，總在下個轉角消失，怎麼也搆不到，令人心急。我們必須防範自己和諧上癮。我們努力追求繽紛的、和諧的日常家庭氛圍；認為歡欣喜悅是好事，而艱難奮鬥是壞事。所有人都知道，讓家中每位成員都心滿意足，這埋想就像海市蜃樓，然而每個人的內心深處都渴望追求這畫面。

　　我們必須提醒自己，就算能把感受丟進滿是討厭情緒與失敗教養實驗的掩埋場，拒絕接受自己不喜歡的部分，也無法讓我們對家庭生活中發生的事感到快樂。

過往模式如何影響教養

　　過去有兩種主要模式，會使我們在遭遇教養衝突時感到不舒服。第一種模式顯而易見，就是我們在原生家庭中，口頭上常說或沒有說出來的原則：「我們不起衝突」。在這樣的家庭裡，成員會迅速而澈底平息緊張的狀況，絕不讓衝突浮上檯面。第

二種模式是時常表現出不分青紅皂白、不分對象、澈底的憤怒——還是孩子的我們根本無法承受。孩子不知道如何應付這種盲白的情緒,也沒有處理這種情緒的權力。

這兩種極端模式引發教養的情況:

- 衝突令我們缺乏安全感。
- 我們不學習降低緊張情況的策略。
- 面對過於激動的情緒,我們會退縮。
- 破壞感情的舊模式不會消失,有時持續數十年,因為我們未妥善處置。
- 孩子難過時我們會不自在,孩子生氣時我們會生他的氣。
- 我們把所有過於激動的情緒扔進逃避的籃子裡,在問題還小時,錯失解決的機會。
- 我們把憤怒與深深的無力感連結在一起。

我們冒著和孩子重複以上模式的風險,不是創造出世代衝突厭惡感,就是形成光譜的另一端——讓憤怒合理化。

聲稱我們在「只告知殘酷真相」的家庭中長大,就是處在憤怒合理化的痛苦情境中。有位來諮

商的父親跟我說了一模一樣的話，他和妻子一同前來尋求協助，因為他很容易毫無預警的大發雷霆。我問他能否接受清楚明白的回答，他點點頭，因此我非常直白（希望是溫和的）表示：「說出殘酷的事實，和殘酷地說出事實，兩者截然不同。」他聽懂了，而這段對話成為我們諮商的轉捩點。

如果以充沛的精力、孜孜不倦的努力和真誠的心，進行同情心回應練習，就可能如同這位父親一樣改頭換面。只要我們能學會避免和諧上癮，擁抱共同生活與成長過程自然發生的緊張情況，就能真實體驗家庭生活中健康流動的幸福。

第四章

傳承與新生的教養風格

　　透過孩子來觀察自己的不同面向，是正常而健康的事。從他們身上看到相對應於自身的特徵和行為癖好，是將我們與兒女緊緊相繫的原因之一。看見孩子行為舉止和說話方式和自己一模一樣，當然會讓我們覺得他們可愛、討人喜歡，但有時也會很尷尬或被激怒。然而，如果讓自己的童年經歷與教養孩子時的經驗糾纏不清，那就不太健康，也無助於解決問題。我們自己的生命史，特別是那些未解決的議題，如果和孩子的經驗混在一起，會藉由以下毫無助益的方式表現出來。

- 無法聽見孩子真正想告訴我們的話。
- 對於正在發生的事，我們會立刻跳到結論，向孩子提出忠告，使情況變得更糟。
- 洩氣的孩子不願對我們透露生活中發生的事，因為我們反應過度，小題大作。
- 向孩子傳達出「比起關心他們，我們更關心自己」的訊息。
- 我們的過度反應會讓孩子在他人面前受窘。
- 我們沒有向孩子示範良好的問題解決模式。孩子學到的是這些年來父母沒有放下某個議題往前邁進，某種「詭異的事」正在發生。

「教養風格」這個詞在我們祖父母的年代並不存在，但在1960年代，某類陳述開始進入父母團體的教養對話中，例如「我不太喜歡斯波克醫師那一套」或「我之前很喜歡『123魔法術』，但它對我來說有點太行為模式理論了。」尋找最好的教養方法時，人們會說：「最近我比較喜歡『依附型』教養方式，但陪睡到底該陪到幾歲？我們的臥房有點擠。」或是：「我試過用『愛與邏輯』的教養法，但不管我多麼講道理，三歲大的孩子好像完全搞不懂我在說什麼。」

我們的父母或許對某種流行教養法深信不疑，或者深受教養法影響但不自知。不過可以肯定的是，父母養大我們的方式，對於我們的教養方式有強大的影響力，尤其是當場面很棘手時。

閱讀以下各種教養方式時，請停下來想想兩種主要的動力。首先，確認自己小時候接受哪種方式的教養。這麼做的同時，你會開始對暗潮洶湧的情緒建立關鍵性的理解；這些情緒在孩提時產生作用，也無可避免塑造出你目前的教養方式，尤其是在與伴侶和孩子處於關係緊張時。其次，試著認識你所採用的教養風格，仔細檢視這件事，因為現在你教孩子的方式，在很大的程度上受到你對父母養育方式有意識與無意識的回應。

教養潮流

以下將過去90年來主要的教養哲學，分成數個階段，每種教養風格都有大行其道的顛峰期。

每隔10到12年，教養風格的鐘擺就會在緊繃、嚴格和無拘無束、放鬆的方式之間擺盪。流行無拘束方式的那幾年，會逐漸產生一種集體焦慮，認為家長沒有給予「足夠的引導」，孩子因此「失

控」。擺盪回緊繃和嚴格的管教方式後，擔心父母「易怒」而孩子「過於壓抑」的意見再次成為主流。

盲目服從：1960年代前

　　許多1980～90年代曾和我談話的年長者，他們在1930年代的經濟大蕭條時期，或在二戰時期為人父母。當時，養家等同於捲起袖子做苦工，相較之下，教養不是個議題，眼前的生存問題和「撐過去就好」反而急迫得多。

　　家中成員各司其職。孩子要是不把工作做好，對家計有所貢獻，就是沒有盡職。如果孩子不夠努力，父母會盯著他們把事情做對，沒有商量的餘地。大致上來說，父母不認為孩子會產生質疑，當然也不覺得需要跟孩子解釋什麼。

過渡期：1946～1969年

　　戰後經濟復甦，進入1950年代，教養風格改變。穩定繁榮的新社會產生撼動，想脫離過去的老法子。班傑明・斯波克是第一批關注養育方式的人，他的著作《全方位育兒教養聖經》深具影響力。整個1950年代，許多中產階級父母都採取他的建議，這似乎也成為1960～70年代早期的教養

基礎。在這段期間，更廣泛的社會階層開始對教養方式產生質疑與批判性思考，也有人選擇在報章雜誌上發表教養文章，藉由出版與家庭生活有關的文章，跨越社會與經濟的界線。

自由教養：1970 年代

生長於「斯波克年代」的孩子在1970年代進入青春期，其中有些年輕人非常反對成人「說一套做一套」。兄姊會影響弟妹，這種態度擴及各年齡層。家長感受到壓力，開始懷疑之前的傳統教養方式是否太冰冷苛刻，於是他們讓孩子有自由空間。父母談論要讓孩子有實驗和創造的精神，而不是讓他們背負家事責任。父母或許正在對自己成長過程中「盲目服從」的世界做出回應，現在他們准許孩子討論、溝通，甚至爭論。對這些心胸更開放的父母，孩子說「不」並非難以容忍的輕蔑回應，而是健康的自我表達。

然而，到了1970年代中晚期，有些父母開始擔心自己給孩子太多自由和表達自我的機會，導致孩子迴避基本責任，盲目失控。

獎懲分明：1980年代

　　1970年代末，行為修正理論被引進教養界，在1980年代開始普及。這主要歸因於史金納博士激進的行為學理論，提倡以給予和取消特權做為奉行的系統。以下是將孩子拉回正軌的方式。

　　對於以獎懲為主的行為修正，父母關切的是其背後的順從動機。在這種教養背景下長大的孩子，似乎無法理解和接受父母真正的權威：小小孩聽父母的話，是因為可交換條件（得到星星，也就是獎勵）。這套系統把孩子塑造成討價還價的商人、談判專家和成本效益分析師。

　　在這階段也廣泛使用出現好一陣子的「隔離」（time out）懲罰方式，有時它也指「社會排斥」、「策略性忽視」或「削弱程序」——人們真的使用這些術語。但隨著時間，父母愈來愈擔心這種把孩子排除在外的懲罰方式，對孩子傳達：父母對孩子的接受與否，取決於孩子對權力毫無疑問的服從，因而造成父母和孩子間的情緒分裂。

父母成為「管理者」：1990年代

　　這階段的父母脫離行為修正教養方式，因為他們不喜歡扮演獄卒，也因為小孩會透過操作這種方

式，達成自己的利益。

　　教養的擺錘再度擺向另一端——行為管理的時代誕生。在這樣的體系中，孩子是「團隊」，父母是團隊「管理者」。家庭討論不再由父母帶領，而是在擔任管理者的父母協助之下，由厲害關係人組成的團隊進行會議。父母或許沒有使用以上名詞，不過提倡這套體系的書籍確實這麼說。

　　這個年代的媽媽們尤其如此，她們待在職場的時間比過去任何時候都久，並且愈來愈晚生孩子，結果把在辦公室成功執行的團隊合作模式帶進家中。身為職場管理者，父母想要給他們的團隊成員（孩子）各式各樣健康的選擇。

　　然而，以這種方式養育的孩子，往往很困惑到底誰在負責，而且早在情緒夠成熟前，他們就常被要求「檢討」自己的選擇。也或許他們很容易被父母「隔離」，此舉加強了「如果我做某件你不喜歡的事，你就會孤立我，把我送走」的念頭。

　　此外，在必須合作的情況下，例如你想要他們幫忙打掃，他們會聯合起來藐視管理，不做任何事。最後導致父母扮演的管理角色很彆扭，而且蠢極了。畢竟我們根本不能從父母的身分退休（也不能開除孩子）！

讚美的教養：2000年至今

緊接在父母兼管理者的教養方式後，從90年代末開始，擺錘又擺回命令與控制的教養方式，你可以稱之為「行為肯定」。它非常細膩，而且看起來很自由、正面，對孩童或青少年多有鼓勵。然而，肯定孩子、讓他知道你多麼高興有他幫忙，是很正常又自然的反應，但行為肯定的強度和頻率會讓讚美這件事到達另一種層面。你對他做的每件事都說「做得真好！」但若你仔細檢視，這其實是塗上糖衣的行為修正教養方式，只是重點放在讚美而非懲罰。兩種方式都是藉由贊同和獎賞，或不贊同和懲罰操縱著孩子。行為肯定的教養方式現在依舊如影隨形跟著我們，基本上它給孩子兩種選擇：要不是真正相信自己很棒，就是會意識到父母可能是裝出來的。無論如何，這種心態在成年後不會轉化得太好，因為尋找、接受誠實的回饋以及根據回饋做出行動，並非總是帶來美好的感覺，而理解這件事對成功的人生至關重要。

透過解釋讓孩子臣服：2005年至今

有些父母會滔滔不絕向孩子解釋，落入永無止盡的行為合理化辯解中。讚美的教養風格依舊持

續，不過上述解釋的風格大約從2005年開始流
行。一波喋喋不休的浪潮——也可能是海嘯，席捲
教養的海岸。總會有些媽媽，或更常見的是爸爸，
忍不住向孩子鉅細靡遺地解釋生活各方面事物。如
果孩子暴露在一連串過度解釋中，可能會有兩種風
險。第一，他會變成吸收大量訊息的怪博士，變形
成小腳大頭的孩子。過度闡述事實、數字、思考與
分析，代價是犧牲孩子重要的社交技能，影響他們
的交友能力。第二，你的孩子或青少年可能會緊閉
心扉，對你不理不睬。不管是哪種結果，都會危及
你們的關係，以及他探索社會的能力。

　　簡單回顧當代最有影響力的教養風格後，有些
人或許能想起自己兒時普遍接受的教養方式，也可
能感受沒那麼深。有時同一屋簷下甚至會出現截然
不同的教養風格，令孩子感到困惑與無所適從。有
三個小小孩的媽媽寫道：「我母親絕對是用行為管
理的方法教導我們，不過我不認為她知道這個詞。
她會給我們一大堆選擇，也准許我們溝通協調。我
很確定她這麼做出於善意，但我父親卻被她搞瘋
了。他的行為修正教養風格走的是強硬路線，他會
在勃然大怒時取消我們的獎勵，隔離懲罰也會持續
好幾小時。」

找回強大與平靜的教養練習

擺脫自己的經驗

花點時間回想一下你的童年。父母的管教風格是什麼？試著指出掌控你成長過程中的教養模式，這些模式現在如何影響你，以及你如何教養自己的孩子。當你學會觀察偏好的教養方式時，你的自我意識會增加，當你不小心落入承襲自父母的教養模式時，較有可能發現。你或許覺得父母某些技巧還不錯，因此樂於沿用。不過你小時候覺得被禁止的或認為有害的管教方式，長大後往往想避免混入自己的教養中。重要的是，我們要停下來想想自己過往的生命模式，才能在向前邁進時，做出更有意識、更明智的決定。

以下是某位父親努力從過往生命史中掙脫的例子。一位有11歲兒子的父親聯絡我，他說兒子抱怨學校的新老師找麻煩。「我幾乎沒聽兒子把話說完，就生氣的宣告他的老師沒權利這麼做。」他回憶道，「我告訴他我完全明白他的感受，並說我會立刻處理這個問題。」

　　這位父親在中學時，覺得自己常常被某些「壞心」的老師挑毛病，因為他不是「聰明的孩子」，求學生活並不順利，但長大後他成為成功的房地產開發商，在多數社交場合下他都自信滿滿，指揮全局。然而那天晚上，他回想起自己不受重視的學校生活經驗，他的憎恨情緒高漲，變成幾乎連自己都不認識的人。

　　第二天早上，在開車前往學校途中，父子倆異常安靜。孩子下車後，憤怒情緒已達頂點的父親也下了車，跟著孩子進到教室。他以很不尊重的態度質問老師，在全班面前讓兒子難堪。事後班上同學告訴兒子，他爸爸的言行舉止「很奇怪」——這位父親在公眾場合的表現顯然讓兒子受屈辱。

　　這位父親有向妻子提起這件事，不過當天晚餐時，拒絕去上學的兒子向母親透露了更多細節。聽完後，妻子堅持要先生打電話給我進行諮商。

　　我們探討受到過往牽絆的教養模式如何影響他的行動，以及他和兒子之間的關係。父母會將自己過往的生命史與孩子的需要糾結在一起，使用同情心回應練習能幫助父母把兩件事分開。這位父親最希望達到的目的，是確保孩子在班上有安全

感。這位父親等到自己平靜下來，用一週進行同情心回應練習，把自己的經驗和兒子的經驗分開，然後再次去找那位剛接手兒子班級的老師。老師表示他兒子非常害羞，她不斷在課堂上請這孩子回答問題，是因為她覺得只要稍加鼓勵，男孩就能鼓起勇氣；但男孩解讀為老師想找他麻煩。父親表示，老師如果和他兒子一對一談話，而不是在全班面前問問題，效果會比較好。他們都同意這是個好法子。值得稱許的是，這位父親為他之前的誤會向老師道歉。回到家他告訴兒子，將來他處理這類事情會更小心。

在這位父親身上發生的事並不少見。我們最基本的直覺就是保護家人，但有時我們把從自己生命中學到的經驗，或是一些痛苦的事套在孩子身上。把這最初的反應當作起點，想成是第一階段的反射性教養方式，我們必須邁向第二階段，還有第三階段。我們必須盡全力從自己的生命故事中跳脫，這並不代表拒絕或否認過去，只是要有意識地把自己的經驗當作背景，以便處在當下，聆聽孩子真正的需求，因為那對他們來說才是獨一無二的。

故事中的父親很努力地克服自己與過去糾纏不清的問題，他花片刻學習客觀看

待自己的回憶。不過這回憶也成為強大的信號，提醒他退後一步，聆聽兒子說話，或協助兒子訂定計畫。

　　簡而言之，如果出現引發回顧往事的情境或壓力造成的退化反應，使我們陷入其中超過兩分鐘，就會有與過去糾纏不清的危險。然而，如果我們能轉換到現在與未來模式，在孩子最需要時，我們就很有機會處在當下，提供他們調整自我與成長茁壯所需的支持。

第五章

脫離現在的軌道

　　我們都知道，不該把孩子不好的行為視為具有針對性。然而在盛怒之下，我們往往認為和孩子的困難互動都是針對自己而來。有位母親的九歲女兒時常與她爭執不休，她訴苦：「女兒說的話和對我的指控讓我很受傷！」她形容女兒對自己多麼不公平，似乎「很明白怎麼戳到痛處，特別是那些我最在意的事。」這名母親訴說她對於離婚產生的罪惡感，以及自己身為單親媽媽感到多麼不安。「當女兒說她恨我，告訴我她朋友的媽媽都比我好太多時，直擊了我最脆弱的地方。因為我必須花很多時間工作，而我知道這會使我脾氣很差。」

　　這樣的防衛心態比你想的更普遍，關於這種情況，我們必須理解：首先，在關於你的事情上和孩子起衝突，絕對沒有好處。只要理性思考就會知道，但它還是很常發生。針對性會把你帶進關係的迷宮，讓你在不斷的爭執中迷失，最後搞不懂這一切是怎麼發生的；最糟的是，你會發現自己孤伶伶地，無法脫困。

　　無數父母對我說，他們覺得自己和孩子處在一場意志的戰爭中。有位父親形容他「遭到圍剿」，必須替自己辯護。我曾開玩笑問一群父母，他們是不是認為孩子會刻意計劃難搞的行為。令我驚訝的是，好些父母覺得自己的孩子真的會這麼做。你或許也這麼認為，因為他們實在太擅長激怒你，但我向你保證，孩子並不是滿腦子權謀的政客，他們的行為百分之百是無意的。你家的兒童、前青春期的孩子或青少年，不會在早上起床時列一張惹惱你的清單，再選出最有效的那一項，然後躲在暗處，等待最佳時刻給你致命一擊。

一切無關真相，關乎權力

　　我向那位被女兒的批評弄得傷痕累累的單親媽

媽解釋，關鍵不在於女兒說的是真話或者有多傷人，而是她回應時的態度過於強烈。

　　我問她是否認為其他孩子也對父母說這樣的話，她說她很確定他們也是。我又問，她是否認為每個父母的反應都和她一樣？她描述最近去小兒子的玩伴家接他時看見的對話。遊戲時間結束，她兒子回家的時間到了，玩伴很不高興，生氣地對爸爸大叫，「你每次都不讓我繼續玩！」這位父親並沒有惱怒，而以歡樂的語氣回答：「你剛剛跟亞隆玩得很開心了，現在他媽媽要來帶他回家。」小男孩板著臉，不過沒說什麼，不久就和開車離開的他們揮手說再見。小男孩對父親說的話可能是真的，但父親對兒子的攻擊沒有反應，也沒有為自己辯解，於是他的兒子很快平靜下來，然後去做其他事。

　　如果親子之間的爭執都是殘酷但真實的評語，那麼所有父母一定很常心煩意亂，不過事情當然並非如此。這位慌亂的母親問我，「如果我們的衝突和她說那些讓我有罪惡感的壞話無關，那是怎麼回事？」我回答，「重點不在於你是最好的或最壞的媽媽，也無關那一刻她愛你或恨你。而是在於你做出何種反應，以及你的言語或情緒回應，觸動了孩子心裡的哪個部分。」

　　這位母親的憤怒和她感受到保護自己的需要，不僅惡化她和女兒之間的互動，也造成更令人擔憂的影響——給了孩子壓倒她的權力。以下是基本的人類動機：當我們感到被迫替自己的行為辯解時，我們的權力就降低了。侵略的人會壯大，接受的人會縮小。

　　比方說，法庭裡誰的權力最大？是在證人席上替自己辯護的人，還是檢察官？在孩子銳利言辭的影響下，替自己辯護的父母，就是站上了家庭法院的證人席。重點是要明白，當父母以為事情都是針對自己而來時，麻煩就開始了。

領導真空

　　如果沮喪的孩童或青少年丟給你一句刻薄的評語，並且發現你以防禦的態度回應，他就會察覺到權力的不平等。這不是意識層面的感受，但他感覺到你不平衡、沒站穩腳步。雖然聽起來很奇怪，但你的孩子察覺到這種不平衡的狀態，內心有那麼一瞬間感到慌亂。基本上，他正在推開你心裡的那道界線，缺乏穩定感使他失去情緒上的支持，他原本靠在牆上，現在這座牆不但無法支撐他的重量，反

而垮了。他覺得自己向下墜，突然間失去安全感，無所適從，因為他依賴的那個屹立不搖、掌管一切的人正向後退，甚至從領導的角色退下。這孩子於是被迫且帶著孤注一擲的心態，試圖介入，占據他感受到的領導權真空。重要的是，他這麼做不是叛逆，只是想要再次感到安心。

情緒測距

當孩子嘗試「挑戰一下」時，他們真正的目的是什麼？我在《簡單教養經》書中寫道：「我從沒遇過蓄意違抗的孩子，只見過迷失的孩子。」孩子興風作浪的負面行為，是因為他感受到情緒失落，這是種十分令人不安的狀態，這時他們要推開的是誰？我們——也就是父母！他們就好像在使用行為上的回聲定位系統，透過挑釁的行動或言語發出訊號，期待得到我們的回應。這麼做使他們讀懂自己的感受，然後重新定位自己。航海家稱這種作法為「聲納測距」——世上所有父母都曾被子女徹底的「測距」。

孩子這麼做是因為我們是他們最信任的人——這也可說是父母的一線生機。孩子棘手的行為是一

種溝通形式,如何仔細聆聽?如何敏感地校正反應?就看我們怎麼做。

孩子何時會發送訊號?

孩子情緒失落時,就會向我們發送訊號。有可能是他們和朋友的關係不順利,感覺被人忽略。例如學校有個新來的同學,他和你兒子倚賴多年的朋友形成強烈的排他關係,你兒子會感到傷心、失落且不知所措而大動作朝你發送訊號,但那不是因為他想找你麻煩,而是他覺得原本牢固的社交關係正在動搖。

某次一位母親問我,「測距」是否會以退縮而不是挑戰父母的行為呈現?答案是肯定的。她的孩子沒有向外發洩,而是陷入自己的想法。或者說,她的孩子不是往外推,而是向後跌。無論哪種情況,孩子都需要父母幫助,找到做自己的方法。

孩子會覺得失落而對父母發送訊號的原因:

- 覺得自己在學校遭到誤解,可能來自其他孩子、老師或行政人員。
- 太多功課、課後活動和體育活動。

- 在自己非常需要幫忙時，沒有重要的老師、
  輔導師或顧問協助。
- 在課堂上無法理解，害怕不及格。

當家庭經歷重大改變時，孩子也會有很大的反應，需要重新適應，例如：

- 搬家。
- 親密的家庭成員或心愛的寵物去世。
- 財務壓力影響家庭。
- 家中有人生重病。

對父母來說最難處理的，是孩子經歷成長中的變化而發出的訊號。最典型的是當孩子在2、6、9和14歲時面臨的身體、認知與社交變化，然而生命既豐富又複雜，這種模式並非固定不變，不同孩子會在不同年齡發生改變。

當我女兒14歲時，她那曾經令家庭和諧的輕柔活潑氣質，被尖酸刻薄的話語取代，動搖了家人關係。起初我和妻子很困惑，也覺得被冒犯，不過當我們發覺她只是在經歷成長的改變，就能這麼說：「我知道你現在很難受，不過你這麼說很刺

耳。」這會讓她的態度軟化些,之後她會和我們「混」一陣子。而她這麼做表示她覺得很安全而且被我們理解。

有太多教養技巧被人貼上「改變遊戲規則」的標籤,但這種說法其實是將長達一輩子的旅程貶抑為一場遊戲。真正透澈理解孩子們無所適從,而不是故意叛逆,我們就能處在更有洞察力和同情心的地位,以最好的自己和孩子互動。

找回強大與平靜的教養練習
以好奇取代指控

多年前剛到紐約,我聽見人們會用「最近在幹嘛?」(What's up?)來問候,或更口語的「怎樣啊?」(Wazzup?)而回答有「沒啥特別的!」、「隨便打發時間」或「卯起來工作」。我很驚訝,簡單的問候就能表達想了解對方的好奇心,讓人覺得如此親切。

當孩子無所適從時,我們應該暫停一下,發自內心詢問:「不曉得你為什麼這麼說?」、「發生了什麼事?你為什麼這

麼難過？」或「有什麼我不知道的事嗎？」只要心跳一、兩拍的時間，就足以讓回應從煩躁與升高的憤怒轉個彎，變為想了解是什麼讓孩子做出那些事情的好奇心。「別光站在那兒，去付諸行動」的諺語在此不適用。當你停下來，在採取行動之前，先思考（無論多麼短暫）迷惘的孩子發生什麼狀況，你的回應就會和善且更有條理。

我建議：別只是付諸行動，要陪伴在孩子的身旁。

找回強大與平靜的教養練習
重點不在得到答案

我喜歡這方式，因為它很簡單。當你暫停一下，提出我在前文概述的問題後，其實你不需要得到答案。只要你在內心帶著疑問，向苦惱的孩子伸出援手，就足以撥開甚至化解在你內心滋長的批判與反感——這才是重要的，比展現父母智慧的瞬間還重要（雖然這樣也不錯）。

找回強大與平靜的教養練習
柔軟能改變一切

　　我們閱讀肢體語言的能力已經演化數千年之久，孩子尤其擅長。他們的語言還在發展，因此更加仰賴我們的姿態與表情傳達的訊息。第二章我們談到如何在面對衝突時辨認身體的擠壓感，如果你放鬆身體，以真誠的探問關心挑釁又煩悶的孩子，你的眼神會變得溫柔，姿態也不會那麼僵硬。如此一來，他們也會放鬆，緊繃的情勢就會煙消雲散。

找回強大與平靜的教養練習
解除孩子的警報

　　當孩童或青少年處在憤怒的頂點時，他們也是最脆弱的。在這種時刻，他們對當下自己和父母之間情緒湧動的變化超級敏感。如果我們繃著臉、眼睛瞇成一條線、眉頭深鎖，或者挺直腰桿，讓自己看

起來更高大、強硬和尖銳，我們的孩子就
會退縮到戰鬥、逃跑、僵住不動或群聚的
生存模式。然而，如果他們注意到極其細
微的柔和眼神、放鬆的肩膀，或鬆開的雙
手，他們的神經系統就能解除警戒。當我
對孩子這麼做時，我覺得自己彷彿是棵深
深扎根的老橡樹，孩子們可以躲在我的樹
蔭底下，遠離他們強烈情緒造成的毀滅性
熱氣。

　　孩子行為不當時，承認並理解孩子是
迷失而非叛逆，能讓我們樂於接納。在孩
子最需要被擁抱的那一刻，我們也因此較
能以溫和且有同理心的態度回應。

第六章

什麼使我們抓狂？
如何解決？

過去20年，我曾在世界各地許多社區舉辦工作坊，探索我在書中概述的原則。無論我造訪的是哪個國家，檢視日常生活中使人們抓狂的原因，總會浮現幾個同樣的模式。

被孩子忽視或低估時

我們替孩子付出很多，有時我們甚至會訝異自己竟然能把吵雜混亂的生活打理得那麼好，日復一日。某次工作坊的練習，一位三個孩子的母親寫

道：「有天我費勁千辛萬苦接送小孩，把他們通通送到該去的地方，再繞回來一個個接他們，把他們安全送回家。我覺得自己應該站上頒獎台領取金牌，接受所有人的掌聲。然而孩子只是拖著腳步下車、走進家門，抱怨肚子餓。我只能在心底默默吶喊。」聽完我們都笑了，同時對彼此眨眨眼，表示大家都懂。

然而，我們替孩子做這一切時，有可能抱持過大期望並使期望變成常態，冒這樣的風險，無助於孩子對父母的付出與照顧產生感謝與讚賞之情，結果令苦澀感在我們心中累積。正如工作坊裡某位爸爸分享，「從前我做每一件別人期待我做的事，都是出於愛，但現在我經常發現自己心生怨恨。」

如果每天都感受到一點點別人理所當然的態度，我們心中會堆積起有害物質，然後表現出不當的言行。雖然無論理智或情感上我們都知道，這對於身為父母或對家庭生活毫無助益。

我們或許會突然生氣，或者壓抑逐漸湧上的憤怒，但這憤怒依然化為冷嘲熱諷的語調、表情、用字或肢體語言。無論以哪種方式表達，這樣的行為會傳染，如果孩子有樣學樣，就會用憤世嫉俗的有害方式溝通。

找回強大與平靜的教養練習

給予與索取小小的感謝

對你、伴侶、友人和孩子為彼此做的事表達感激，做為孩子的榜樣。不需要太誇張，只要用正常的語調讓對方知道你的謝意，試著讓這成為良好的習慣。

你不時需要提醒孩子留意並且感激你替他們做的事。有對夫妻告訴我，他們約法三章，要為孩子示範小小的感謝。比方說他們是車上的乘客，就一定會感謝司機載他們抵達目的地，下車前也會提醒孩子這麼做。

當洗好、折好的衣服「神奇地」出現在孩子床上時，你向他們要一句簡單的謝謝是沒問題的。請他們道謝時最好表現的真誠自然，避免擺出一副壓抑自己不耐、惱怒或（尤其不能）像長期受難的聖人般的態度。溫柔地堅持孩子必須感謝你為他們所做的，一開始你或許得明確指出你做了哪些事，教導他們要感謝，但他們會漸漸明白。

教養無非是留意小事，也就是我們日

復一日交流、各式各樣的事。當我們教導
孩子表達謝意，感謝父母為他們所做的一
切，等於幫了所有人一個大忙。

手忙腳亂時

父母對我說起極大的管教壓力時，指出容易不
知所措的兩種情形。首先是發生在家裡的事務。拚
了命滿足所有需求只為了度過一天的父母，時常覺
得自己是不幸的個人助理與免費司機的合體。如果
有兩個以上的孩子，他們的生活很快就會成為一場
「悲喜劇」。

第二是來自家庭以外的壓力。無論是追求成人
進修教育、強制的在職進修，或者最常見的：為迎
合職場中日益增加的需求，造成壓力不斷攀升——
所有父母都同意他們常感到疲勞轟炸。

隨著掌上型設備的普及，工作壓力也愈來愈
大。這些放在口袋或公事包裡的設備跟著我們回
家，從早到晚不分青紅皂白發出提醒。父母覺得自
己有義務即時處理與工作有關的事，就算他們知道
當下應該專心滿足孩子的需求時也一樣。

於是，我們在工作與家庭生活之間疲於奔命，

陷入令人苦惱的選擇：我們必須掌控工作，確保不會丟了飯碗，因為它是家庭的財務來源！但供我們吃穿的工作不斷入侵，它的風暴一再襲擊家庭生活的港灣。最好的例子就是，當父母之一向另一方提出警告，造成緊張關係升高：「你可不可以放下手機，幫我哄小孩睡覺！」

找回強大與平靜的教養練習
找回家庭平衡

藉由下列實用的方法，能讓我們和孩子抵擋外界的壓力，同時教導孩子心懷感謝的價值。

療癒席捲而來的壓力，起點是質疑當今已成為常態、過度豐富且快速的家庭生活方式。接著利用以下四種方法簡化生活（在我的著作《簡單父母經》和網站上有更多細節）。多年來，參加工作坊的父母都認為這些方法不但容易，也非常有幫助，最重要的是他們因此鬆了口氣。

1. 居家環境
   ● 減少家中的玩具、衣服和書。

- 清理壞掉或孩子不再玩的玩具。
- 每個項目保留20到25件，把其中10到15件收在箱子裡。
- 定期把兩三樣東西收進箱子，拿出另外兩三樣。

2. 生活節奏與可預期性
- 減少沒有規律的日子，留意會有多少不確定的事件即將到來。
- 如果知道某天將會很混亂，前天晚上就告訴孩子，減少他們的不安。
- 若某天發生了意料之外的事（在所難免），要特別留心，讓隔天的事件盡量在預期之中，也比較平靜。
- 在家庭生活中建立儀式感。例如每天晚餐前簡短感謝農夫，或替年幼的孩子打造舒服的晚間泡澡儀式。

規律性能建立孩子內在的適應力，他們會感受到你和你打造的家庭是安穩的港灣，他們隨時可以返回，然後再次揚帆駛向世界。

3. 閒暇時間
- 減少去朋友家玩、課後活動和體育活動的天數。

- 結束忙碌的一天後,讓孩子有時間卸除壓力。
- 給孩子「無聊」的時間,讓他們有空間自己創造遊戲和活動。這些創造性遊戲可以持續好幾小時或好幾天。

4. 排除成人世界

- 減少孩童和青少年觀看螢幕的時間,太多不適當的成人資訊會透過3C產品進入孩子的生活。
- 在孩子面前減少成人對話次數,包括談論駭人新聞、自己面臨的困難,和公開批評權威者,例如孩子的老師、政客等令你惱怒的人。最重要的,不要批評和你一起教養孩子的伴侶。
- 盡量對人與事做出思慮周到而且適合孩童聆聽的評論。
- 在孩子面前說話前,先自問:
  ①「這是真的嗎?」
  ②「這樣說和善嗎?」
  ③「這話有必要說嗎?」
  ④「這麼說會讓孩子有安全感嗎?」

　　如果以上問題的答案是否定的,盡量什麼也別說,之後再和其他大人討論,因為你的孩子很可能不想聽,也不該聽。

3C產品的影響

最近我參加了某個專門販售兒童用品的行銷人員網路研討會，有點像間諜行動，不過我需要知道更多他們的伎倆。我非常驚訝聽到他們稱父母是「購買阻力」——沒錯，提到父親或母親時，他們一再使用這個詞。這個極有組織與策略的行銷工作坊「新媒體與移除購買阻力」的主要目的，在於利用螢幕持續闖入家庭生活，以便銷售更多產品。

我並不是全面反對螢幕，但我極力支持孩子與生命中能形塑性格的事物產生連結，使他們成為關心他人、堅強、有適應能力又身心平衡的人。以我多年來看著孩子成長的經驗，我發現以下這四種特別有價值的連結。

四種連結的同心圓

1. 與大自然和戶外生活的連結

確保讓孩童或青少年能在大自然裡度過一段時光，他們很可能會發揮創意玩個不停。他們的時間和空間沒有受到規劃，可以自由製作東西，做他們喜愛的事，或躺在樹枝上、無所事事。許多孩子日

後所需的重要生活技能，都是奠基於他們在大自然
中的時光。

2. 與朋友以及玩耍的連結

　　孩童或青少年需要結交真正的朋友。花太多空
閒時間上網、與不熟的人「交朋友」，或在多個社
群媒體上追蹤陌生人，他們與真人的互動機會就被
剝奪了，而這對於發展社交與情緒智商而言至關重
要。建立友誼既有趣又具挑戰性。維持良好的關係
需要花費心力，線上交友既不自然又流於表面，例
如有人惹你孩子不高興，他只要用滑鼠點一下，就
可以跟對方絕交；不用吵鬧，不費力氣，不需要發
展社交。濫用3C和社交網路，會產生擁有友誼的
錯覺。沒有人希望孩子落入這種狀況。

3. 與家人的連結

　　確保家中孩童或青少年有時間和你或手足相
處。這些日常生活中一起做的事或說的話，能賦予
孩子對家庭的認同感。如果花時間相處，我們能累
積「關係存款」，如此一來，在關係緊張時，我們
就能從銀行「提取」，使情況不要惡化。再者，使
家庭功能失調的媒體，把成人描繪得天真幼稚、自

私和情緒不成熟，而孩子會吸收四面八方的事物，尤其是他們看見的東西。限制這些無所不在的影像，就是幫了你和孩子一個大忙。

4. 與自己的連結

父母都希望孩子長大後能有很強的道德感，每個孩子也想真實面對自己，尤其是當他們進入青春期時。然而3C產品是商人的強大工具，也是一股相反的拉力。商人試圖說服孩子買自家產品，好讓孩子有某種外貌、感覺很酷、受人歡迎、融入群體。父母能給孩子最有價值的禮物，是讓孩子辨別什麼是由道德判斷做出的決定，而哪些是被創造出來的、時尚驅使的流行文化。

連結需要時間

重要的四種連結形成孩子發揮潛力的基礎，而為了徹底活出每種樣貌，我們需要一樣特別的東西：時間。還記得我們在孩提時期充滿魔力的時刻？我們躺在草地上、看著雲在天上移動，或者和朋友或家人玩著似乎永遠不會結束、充滿歡笑的遊戲。相較之下，根據2015年非營利家庭科技教育

團體《常識媒體》（*Common Sense Media*）的研究顯示，現在8到12歲的兒童每天將近六小時待在螢幕前；而青少年每天在螢幕前的平均時間將近九小時。只要做個簡單運算，就能明白3C產品對孩子生活的影響十分嚴重——這表示每一分鐘他都與虛擬世界連結，沒有和大自然、朋友、家人和自己等真實世界連結。

如果你給孩子所需的時間和空間，好讓他每天都發生真正的連結，就等於為他在將來的人生架構上多放了一塊磚。電子螢幕會綁住時間，對於會侵蝕孩子進行重要連結的一切事物，我們都要抱持懷疑態度，也必須保持警醒。

以上概述的四項連結能構成永恆的心靈基地，讓孩子由此向外拓展，並不時回來獲得療癒，重整旗鼓，再次出發——前往更遠的地方探索。這種出發再返回的模式將重複好幾年：學步的幼兒征服樓梯後，跑回來讓你看看他的成果；小小孩第一次騎腳踏車探索社區壯遊，然後他會在餐桌上描述自己遇見了誰；青少年對最信任的朋友訴說他的初戀與情傷……等。

當孩子長大成人，父母知道自己不會永遠在他們身邊，但我們只要盡力移除讓他們無法與大自

然、朋友、家人和自己產生重要連結的障礙，就是
給了他們發展內在基地所需的空間。未來無論他們
在那裡，都能隨身攜帶這寶藏，別人永遠拿不走。

給予孩子出力的機會

　　幾年前，活動企劃為了宣傳我的某場演講，擬
出「權利怪物以及賦予他們權利的父母」這樣的題
目。其中挑釁、控訴的語氣嚇了我一跳，我擔心家
長覺得被冒犯不想來參加，結果卻相反。我走進坐
滿人的房間，裡面都是擔憂而沮喪的家長。老實
說，我們都想養出懂得感恩的孩子，而不是誤以為
自己有權做某些事的孩子。我舉了某位家長的故事
為例。

　　一天放學後，卡拉載著兩個兒子回家，路上看
見有人在院子拍賣二手物品。大兒子山姆驚呼，他
看見一輛有史以來最喜歡的腳踏車，於是拜託媽媽
停車。「噢不！」卡拉心想，「別又吵著買腳踏
車。」11歲的山姆幾個月來一直求她買一輛越野腳
踏車；他說每個朋友都有，為什麼自己不能也有一
輛？卡拉咬著下唇。她是單親媽媽，手頭很緊，連
普通腳踏車都買不起，更別提它是否能翻山越嶺。

男孩們跳下車、跑去檢查這個寶物。「媽，看看這座椅多長！」山姆喊道，「換檔是用這個大的球型把手，手把跟哈雷機車一樣！」8歲的弟弟布蘭登接著說，「嘿！有兩輛耶！」山姆找到兩輛1970年代的卓雷斯特（Dragster）登山車，看起來就跟當年一樣酷。這兩輛車有點生鏽，旁邊還有堆亂七八糟的舊齒輪、各種線、鍍鉻條和鏈子躺在箱子裡。山姆和布蘭登沒有打退堂鼓，「媽，我們保證可以修好車子。」山姆盡可能用一種嚴肅、能說服大人的語氣這麼說。兩兄弟躍躍欲試，熱情感染了腳踏車主人，他把一輛腳踏車的價錢降到五美金，另一輛免費。

卡拉退讓了。「這下可好，我不只買了一堆廢物，而是兩堆。」卡拉這麼想的同時，兩兄弟努力把所有東西放進車子後座。回家的路上，她以很有說服力的口吻跟他們說：「這是你們的計畫，你們要全權負責，對吧？」山姆點點頭，連布蘭登好像都明白。

一回到家，男孩們就待在小車庫，翻找他們新發現的戰利品。他們邊攤開一大塊防塵布邊說，「爸爸都是這樣做的。」然後拆開和清潔所有零件。接下來幾個星期，男孩們對修腳踏車的興趣沒

有減退，每次卡拉到車庫檢查他們的進度，都會發現有群鄰居小朋友跑來幫忙。在這幅熱鬧的畫面中，不時出現相左的意見和無拘無束的笑聲。

六週後，「腳踏車修復計畫」進展驚人地順利。卡拉納悶他們怎麼能完成所有事情，不過她決定不去質疑他們的巧手。當時她還不知道，山姆從鎮的這頭走到另一頭，一路前往當地的腳踏車店，和店裡的中年老闆變成朋友。老闆很高興看見這個少年一心一意想修好兩輛古董卓雷斯特登山車，店裡那些20多歲的員工也覺得山姆很酷，他們會把所有可能用上的零件，放在名為「山姆的水桶」的容器裡，還幫忙改良，確保符合卓雷斯特的規格，甚至畫了說明圖給山姆，讓他能順利把所有東西組合起來。

在媽媽不知情的情況下，山姆和布蘭登也開始去幾個街口外的修車廠串門子，那裡有幾個「留著大鬍子和身上有超多酷刺青」的人立刻對兄弟倆產生好感。他們還達成協議，修車廠的人會幫忙把腳踏車修好，條件是要讓修車廠每個人都試騎。男孩欣然同意。

於是，大鬍子修車小隊替卓雷斯特的椅墊靠背和車把鍍鉻，重新裝修香蕉型座墊，甚至把車架漆

上午夜藍，還在所有合適的地方都弄了噴發的火焰，甚至在變速檔上裝了顆8號撞球。

當卡拉發現孩子做的這些事，她驚訝極了。「我很吃驚山姆走遍全鎮，我問他為什麼沒得到我的允許，他提醒我，我曾說這個計畫是他的，而且他得負責。就在這時我真正明白，兩兄弟是認真看待這件事。」她邊說邊做鬼臉的笑了。

後來男孩們終於修好腳踏車，學校裡的男同學都愛死了。更重要的是，山姆能用專業人士的語氣談論線的調整、軸承、換輪輻和鏈條張力。沒多久，其他孩子紛紛拜託他們幫忙修車。卡拉笑不停的說，「唯一的問題是，我們每天晚上都必須洗車輪。」因為山姆堅持要把他的卓雷斯特牽進屋裡，這樣睡覺時他才能把車擺在床邊。

這次經驗給山姆和家人帶來以下明顯的好處：

- 毅力：他必須解決從沒遇過的各種問題。
- 過程：他經歷了從開始到結束的完整過程。
- 與家人的連結：他和一起參與計畫的弟弟，以及支持他的媽媽產生連結。
- 創意思考：他進入更廣大的社群，找到所需資源。

- 衝動控制：他明白自己不可能立刻擁有想要的每一樣東西。
- 自我激勵：沒有人強迫他接下並完成計畫，但幾個星期以來他持續督促自己。
- 尊重：他贏得學校同學的尊敬和崇拜。
- 價值：他學會物質的價值。
- 感恩：未來他更懂得感謝人們給予的事物。
- 意志力：他得到一份珍貴的禮物，也就是勤勉與意志力。

　　假如卡拉屈服於山姆的要求，買一輛新的登山車給他，以上好處都不會發生。我們需要給孩子機會，為想要的東西付出努力，無論是自己動手做或者自己賺錢買。最重要的是，用這種方法和孩子互動，能減少孩子令我們心煩的吵鬧、抱怨和理直氣壯。他們在經歷了這樣的過程，能建立與強化情緒的肌肉，提供人生所需的獨立與感謝的能力。

　　別人對你視而不見的感覺非常難受，尤其當對方是自己的孩子，我們為他們付出這麼多，同時渴望愛他們也被他們所愛。這影響了我們最敏感、最情緒化的地方——我們的心。這使我想起去南非時，在當地聽到的問候語：Sawubona。這句祖魯

語大致的意思是「我看見你。」這親切問候的回應是：Ngikhona，意思是「我在這裡。」有鑒於此，探討為什麼我們覺得不被孩子感激，以及我們實際上能採取什麼行動，是件相當重要的事。這不僅是因我們需要受到重視，還基於身為父母這樣穩固的立場，我們能做為守門員，在他們長大的過程中管控外界的影響——無論是不健康的影響，或是能建立人格的適應性與力量的影響，並因而更加與他們同在。

第七章

脫離未來的軌道

　　所有人都有「影響圈」，它往往比我們的「關注圈」小得多。辨認出我們關注的事物，但在我們能影響的範圍內施力，才能成為有效的父母。

　　父母一向擔憂孩子的未來，這件事總是列在教養工作指南裡，但是當我們對孩子的希望越過某條界線，會使我們自己感到焦慮甚至無助。接下來我會提出幾種方法，讓我們以平衡與健康的狀態掌控這議題。

　　幾乎所有人都聽過1940年代流傳甚廣的〈寧靜禱文〉簡略版，作者是雷茵霍·尼布爾（Reinhold Niebuhr）：

上帝，請賜給我平靜的心，

接受我不能改變之事，

請賜給我勇氣，改變我能夠改變之事，

並且賜給我智慧，讓我分辨兩者的不同。

1990年代，我初次閱讀史蒂芬・柯維的著作《與成功有約：高效能人士的七個習慣》，上面這幾句話清楚地浮現在我心頭。柯維提到關注圈和影響圈，關注圈包括我們掛心的各種事情，例如保持健康、房租或房貸壓力，應付工作問題、擔心政治局勢和戰爭威脅等；影響圈則包含我們關切且能採取行動的事，也就是我們有某種程度的掌控。即便有時看起來並非如此，但我們確實對每天發生的小事如睡覺和吃飯時間等有很大的掌控權，我們也能影響重大人生決定如就醫與求學。值得注意的是，這種影響力不必然是全面控制，否則會導致更多家庭問題，孩子也很可能把我們視為暴君。

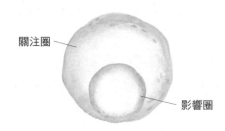

關注圈

影響圈

　　柯維進一步將這兩個圈子與主動性和反應性連結，他將主動性定義為「替自己的人生負責……我們的行為取決於我們所做的決定，而不是我們的狀態。」反應性的人則是忽略在他們控制與影響之下的議題，把焦點放在關注的事物上，而不是對事物做出反應，因此他們的影響圈會縮小。

　　聆聽人們使用的語言，就能判斷決定他習慣那種思維方式。關注圈裡全是「但願／有」，而影響圈裡充滿了「可以」。以下舉幾個有趣的例子。

關注圈導向：

但願／有（反應性）

　　但願我有個不會……的丈夫／妻子

　　我有必要讓我的孩子進更好的學校……

　　但願我能從婆婆那裡得到尊重……

　　但願我有更多自己的時間……

影響圈導向：

可以（主動性）

　　兒子大吼大叫時，我的情緒可以更平穩。

　　我的身教可以更好。

　　妻子需要自己的時間時，我可以更體諒她。

我可以更常陪孩子，減少因手機分心的時間。
我可以找其他人協助我了解令我困惑的問題。

雖然〈寧靜禱文〉的其他部分沒那麼有名，但其中有段文字令我大為震驚，它描述的內容似乎與保持主動性與擴大自己的影響圈有關。

把握每一天；
享受當下每一刻；
視苦難為通往平靜之路。

找回強大與平靜的教養練習
活在當下

對於為人父母，活在當下意味著採取主動性，把焦點放在影響圈內的問題。這個圈子一開始可能很小，但它將會擴大。日復一日，年復一年，只要持續把焦點放在「可以」，我們的影響圈自然能涵蓋愈來愈多與家人關係有關的面向。

為此可以做的簡單練習，是拿出紙筆列出自己的「可以」。身為父親或母親的

你認為哪些是重要的事？用「我可以」做為句子開頭，寫完後從清單中選出看起來最可行，且今天就能加把勁完成並確信它會帶來效果的事。這麼做很重要，因為如果你選擇的事項龐大，需要太多內在努力才能掌控，你的努力會迅速崩潰，最後只得縮小你覺得能控制的範圍。

執行這個練習持續一週或更久，直到那些行動很自然的納入你的影響圈。比方說你兒子或許正經歷某些轉變，你們之間有點緊繃，因為你習慣用帶著諷刺的批評反擊他，這往往使關係愈來愈緊張。因此你可能從清單中選擇「兒子難過時我可以更有同理心，好好聽他說話。」你不可能不讓孩子經歷此刻的改變，或幫助他逃避責任——後者是這階段的孩子常做的，但這些都不在你的影響圈內。可是盡可能避免你習慣和孩子說的那些不重要的、尖酸刻薄的話語，這的確在你的影響圈內。你愈能避免這麼做，你和孩子會愈親近。如果孩子真的越界，變得太無理或違抗你，你就要加強影響力，巧妙加深你們的關係，才能讓你替孩子設下的界線發揮作用，並被他接受。

平安無事就好

　　如果我們想得遠一點，想像孩子長大後離家、上大學，或到危險的地方，我們都希望賦予他們堅忍不拔的力量，幫助他們通過眼前的挑戰。我們當然希望他們既成功又快樂，不過多數父母其實只要孩子平安無事就好。父母最怕成年兒女染上惡習或受到負面影響，當孩子狀況不好時，這畫面就會偷偷潛入我們的腦海。

　　我們該如何默默將「孩子平安就好」的希望注入內心？我們如何使今日的所做所為，幫助孩子在未來站穩腳步？從我自己30年來幫助許多家庭的經驗中，我發現一個清晰且充滿希望的模式，以下這則隱喻有最貼切的描述。

地理北極與地磁北極

　　當父母願意客觀的質疑「大家都做的事」是否適合孩子時，代表他已經設定好道德羅盤的地理北極。有些你提出的問題可能是改變人生的重大決定，但我們遇到的經常是每天微不足道的決定。允不允許某件事（讓羅盤對準地理北極），需要的是暫停一下，這時不僅要靠知識判斷，直覺同樣重

要，如同用專屬於你家價值的道德篩網，過濾大大小小的決定。

另一方面，地磁北極顯示的道德指標不是固定的，它會受到流行文化與趨勢的影響而改變。有位12歲孩子的母親表示，「我讀了幾篇根據嚴謹研究所寫的文章，內容指出看螢幕對孩子的大腦發展和注意力完全沒好處。孩子在學校已經很難保持專注，我曾考慮嚴格限制他手機和電腦的使用時間，但說真的，這麼做我會成為班上已知唯一這樣規定的家長。雖然知道自己該這麼做，但我卻步了。我有什麼毛病？」

這位母親一點「毛病」都沒有。每位家長都面臨這種兩難，它確實很不容易，因為你的孩子很可能用渴望與懇求的眼神看著你說：「媽，可是我同學的爸媽都讓他們用。」當我們屈服並同意，看到孩子開心而且感激涕零（雖然只是暫時的）的感覺很好，於是我們跟著地磁北極的指向，壓抑「這不是正確作法」的想法。

道德的鐘擺

在我們每天思考該如何決定時，以下兩種聲音都會出現。

地理北極	地磁北極
「那件上衣太性感了，不適合我八歲的女兒穿。」	「好吧，它滿可愛的，而且蘇菲雅也有一件。」
「課業壓力讓她每天都到晚上11點才睡，這樣對她的健康實在不好。」	「我國中時從來沒有哪件事讓我壓力這麼大，不過我猜現在時代不同了。至少她很認真，願意好好把功課寫完。」
「就算是奶奶送他iPad，我也要先把它收起來，等他年紀夠大再拿出來。」	「我請婆婆別給，但我不想再次讓婆媳失和，還跟所有人唱反調。」
「她這學期不需要再增加一項體育活動，她已經很累了。」	「我哪裡還有力氣跟她爭吵呢？至少這樣不會讓她覺得無聊。」
「我實在不願他年紀這麼小就開始玩手機。」	「如果不能用社交媒體，他會不會被同儕排擠？」

　　假設我們能從這道德的鐘擺中全身而退，面向真正的地理北極，該如何簡單明瞭的和孩子溝通我們的價值觀，同時不批判其他與我們家規範不同的孩子？我們必須注意不要太過死板、脫離現實和道貌岸然，因為這類態度很可能讓孩子感到沮喪。我

們必須避免批評孩子的朋友和他們的父母，因為孩子會想替死黨說話而頂嘴。他可能會尖銳地說出：「傑克森的媽媽真的很好，而且非常有趣。他們家比我們家好玩太多了！」

找回強大與平靜的教養練習
釐清家庭價值觀

這麼說可以避免衝突：「我知道傑克森的父母讓他……，但在我們家，……」如此就能：

1. 不批判
2. 陳述我們的家庭價值觀

以這種方式措辭的整體效果是我們保持正向態度，同時清楚說明屬於自家的作法。此外，這種回應不會有長篇大論的道德勸說，而是日復一日以我們自己的道德觀為基礎來判斷。孩子或許因而沮喪，不過為了讓他感受到家庭帶來的簡單力量，這只是小小的代價，如此一來他才能從這股力量中，安全地邁向世界。

「硬木長得慢。」

　　我和家人住在新英格蘭山上的農場裡。在下著雪、美麗而漫長的冬季，我們待在一座很大的老農舍取暖。農舍裡有兩個燒柴的火爐，我們讓裡面裝滿木柴。每年夏天我們會砍下木柴、劈開、堆好，準備度過最冷的月份，這是我們家的例行公事。它帶來真實的感受，也讓我們密切接觸森林以及我們砍伐的樹種。切開原木時，我們會注意到呈現同心圓的年輪，一層層包圍著圓心。我們可以看到不同顏色和型態，代表著樹木生長過程的狀況。年輪默默訴說樹的故事，有美好時光，也有艱困的歲月。我們常停下來讚嘆椈樹、橡樹和楓樹的緊密木質，這些樹的樹齡較大，又重又堅固，與成長快速、輕而脆弱的松樹和其他容易掉落與斷裂的軟木完全相反──軟木燃燒時產生的熱度很低。

　　我和朋友「光之農夫」*──創作歌手兼詩人的珠兒聊起她在森林裡的時光。談論這段對話時，我們正計劃在洛磯山脈的某個節慶合辦一場工作坊，探討孩子的發展。我們討論到身為父母，很重要的是理解孩子需要有足夠空間和時間的童年，長大後才能變得堅強又有韌性。她說了以下深刻的道

理，令我驚豔：「你知道嗎？硬木長得慢。」我和農場裡的樹木建立親密的關係，我不時讚嘆著硬木的優美和堅韌，因此我明白這一點。不過直到珠兒這麼說，我才把這件事和養育孩子連在一起。在珠兒的著作《永不破碎》（*Never Broken*）中形容得很美：

> 直到今天，我都會利用從大自然觀察到的現象，修正自己的內在生活，最重要的是，大自然讓我學到，硬木長得慢。這句話不是我靈機一動，而是經過深刻的思考。我看著軟木在春天發芽，幾年後就腐敗了，硬木卻能成為我的朋友……
>
> 長得慢代表深思熟慮，深思熟慮代表有意識的選擇。這是一座思考的階梯，這些年來它帶我向上，直到我抵達自己賴以為生的格言之一：硬木長得慢。如果想長得強壯、活得久，

* 珠兒曾在書中寫道：「我們不和黑暗戰鬥，我們是耕耘光的農夫。」（We are not in the business of fighting darkness. We are farmers of light.）

不要輕易脆化或破裂,我做的決定就不只為了
一時好處,而是能使我持續成長。

思考孩子的未來時,我們別忘了硬木長得慢,
不要因為想加快子女的腳步而感到沮喪,導致偏離
正軌。與其將孩子的人生想成五花八門的機會,我
們可以將它看做是一連串逐漸溫和展開的經驗,就
如橡樹會緩慢形成堅固的年輪。當然,我們可能會
對以下想法深信不疑,那就是讓孩子參加更多活
動、就讀高壓的學校、參加競爭激烈的體育社團,
能讓他們有更大的優勢。然而,這種教養方式會長
出軟木。如果退一步、慢下來,我們不只能養出更
堅韌的孩子,也能讓身為父母的我們,在自己的核
心長出硬木——孩子也感受得到。

履歷美德vs.頌辭美德

在紐約市一所私立小學門口,一群剛送完孩子
上學的家長閒聊,某位父母感嘆,「好像小孩才剛
上一年級,你就要開始為他準備履歷了。」其他人
心有戚戚焉,點頭微笑。另一位家長語帶諷刺地回
應,「親愛的,你難道不覺得一年級才弄,有點太

晚了嗎？」這下子所有人哈哈大笑，笑聲中夾雜著認同的悲哀。

在我們所處的環境，打造一長串外在成就彷彿萬分重要。在這樣的社會裡，比起如何發展強大的內在人格，我們更知道如何進入頂尖大學或建構職涯。《紐約時報》專欄作家大衛・布魯克斯（David Brooks）稱這類成就為「履歷美德」。打造履歷美德的壓力，一點一滴追溯到教養方式。當孩子在運動競賽中沒有亮眼的表現或成績變差時，我們會擔心他們的成績單不好看。若我們試圖找出原因，會導致家庭氣氛緊張。我們的問話出自焦慮，我們的聲音咄咄逼人，青少年會立刻回嘴，說這不干我們的事，別管他們。我們反擊，關心他們的未來當然是我們的事……然後你也知道，這對話接下來會變成什麼樣。

但是和履歷美德截然相反的、也是布魯克斯指出的第二套美德，那就是「頌辭美德」。聽起來有點可怕，不過這些特質是人們在你的葬禮，以及在你去世許久後談論的美德。你是否勇敢，為信仰挺身而出，幫助身邊的人成為更好的人？你是否對他人誠實，是個善良、有愛心的朋友？你是否替世界帶來歡樂？你是否深愛家人？

　　頌辭美德的概念是向前看，沒有強迫和僵化的感覺。當我們強調這類與塑造人格有關連的、更深刻的特質，與生活不順遂的孩子之間的對話會比較溫和；我們可以更專注在他正經歷的事，以及我們能怎麼理解。

　　教養是件極其吃力的事，處處有陷阱，有時我們覺得無法符合標準，成為理想的父母樣貌。然而內心深處我們都知道，自己正在做一件偉大的事——比我們自己還偉大。

　　社運人士多蘿西・戴伊（Dorothy Day）將生育的經驗形容為不平凡的創造行為。她寫道：「就算我寫了一本最了不起的書，譜出最偉大的交響樂，畫出最美麗的圖畫，或雕刻出最細膩的人像，這一切都比不上他們把孩子放進我臂彎裡，覺得自己是那樣崇高的創造者。」

　　本章開頭，我提到父母望向孩子的未來是天經地義的事，但關鍵在於我們是否也往內看向他們的情緒發展，或者往外看著他們在世俗的地位。把焦點放在孩子的內在成長並不容易，不過這能讓我們卸下許多肩頭重擔，好讓我們享受每天發生有趣又珍貴的事。當沮喪來襲，我們可以將它看做是一時的，而不是困在對未來無以名狀、嘮嘮叨叨的擔憂

中。這種態度能開啟一個空間，使我們以一種驕傲又值得讚揚的方式回應孩子。

PART 2

關鍵之鑰

同情心回應練習

在第二部分，我們準備體驗同情心回應練習，這項練習和身為家長、老師或專業照顧者的各位相關。讓我們觀察自己如何利用這項練習，深入理解孩子，並轉化和孩子的關係以及回應方式。我們將會探索以下幾個部分：

- 四種建構心像的層次。
- 你在情緒順暢時，也就是在最佳狀態時，以及你在情緒激動時的鮮明圖像。
- 簡單引導下的冥想如何平衡激動的情緒，如何讚揚並發展出仁慈、有趣和穩定的你。

- 如何用這項練習進入孩子順暢與激動的情緒感受中，以及觀察它如何轉換你的回應。
- 在特別為教育者和照護者準備的章節中，針對如何在學校和臨床環境使用同情心回應練習，並提供實用的建議。

第八章

你的四種層次

　　十幾歲的時候，我是青少年菁英運動員，這強度過高的經歷在許多方面都不太好，但其中一件受惠良多的事，就是能接觸運動心理學家。這些專家教導我和隊友如何發展心像，藉此優化我們的表現。他們仔細指導我們在內心想像競賽或比賽的關鍵，我們重複做這項練習，直到這概念如他們所說的「出神入化」，成為自然反應。當我們在比賽白熱化或好幾千名觀眾大吼與（希望是）歡呼時迷失，心像讓我們記住比賽、策略和技巧。心像練習帶來的樂趣，使我更常維持在創意無窮的狀態。

　　在我為人父之後，對於這重責大任不知所措，

藉由這項練習,在自己精力不足時就能設法回到正確的心態。

有種自然的方法可以建構心像,它給予我們加以利用的清晰圖像。建構心像需要辨認四種無縫接軌的簡單層次,這幾個模組流暢到你很容易忽略其中一面,不過就算真的漏掉,也會覺得少了什麼。這四個步驟包含明確意識到:

- 在我們身體裡流動的感覺。
- 我們不可或缺的、充滿能量的或生命力的層次。
- 情感上的波動為何?
- 我們的自我意識。

我們將依序思考這四種動力。首先,觀察我們在情緒順暢的狀態以及覺得自己很堅強的狀態;接著在情緒激動的狀態下,審視同樣四個步驟。

在情緒順暢的狀態……

第一層次:身體的你

建構與孩子相處時情緒順暢的心像。通常我們

會很放鬆，許多人描述他們的肌肉不會緊繃，臉部放鬆，眼神柔和；還有人提到有些習慣性緊繃的部位如脖子和後背，問題都比平常少。

第二層次：能量的你

接著來到更深一些的感受，留意我們內在微妙的能量流動。中醫稱之為「氣」，精神分析學家威廉・賴希（Wilhelm Reich）稱它為「奧剛能量」（orgone），而哲學家與密契主義者魯道夫・史坦納稱它為乙太體、生命體或成形力。發明家與研究人員塞米恩・基利安（Semyon Kirlian）開發出一種遠近馳名的照片顯影技術，證明植物、動物和人等生物的內在與周圍有生命力流動。

在這部分練習中，我們會思考，想像自己與家人關係順暢時，體驗到的生命力。我們時常會產生整體的幸福感，或覺得「我的內在很有力量，能完成別人要求我的事。」有些人表示，他們覺得受到鼓舞，感覺活力倍增。這種感受非常美好，值得花時間去想像與實踐。

第三層次：關係中的你

與家人產生連結時，我們內在的情緒流動不但

強烈而且清晰。覺得與孩子關係良好時，我們往往很放鬆，可以執行一長串待辦事項。在這部分的練習中，我們先暫停一下，細細品味情緒順暢流動的感受，這些感受可能歡騰愉快也可能寧靜平和。

第四層次：本質的你

我們存在的核心就是我們的本質，它形成自我的感受，賦予我們有別於植物和動物的特殊意識。它可以稱之為「我在」（I am）。我們的自尊是這基礎本質的一部分，能使我們發展出優良的倫理道德，我們每天的行事準則就來自於此。這是種歸屬感，與其說它是個地方，不如說是一個人的自我；它不只是自信的狀態，也是一種認識自己的感受。

在很有把握怎麼做對孩子好時，我們就可以體驗到這種本質流動的實際感受。我們負責掌舵，知道何去何從，也有信心自己替家人訂定的方向是公平且正確的。

在情緒激動的狀態……

第一層次：你的身體

當為人父母的我們狀態不好的圖像浮現時，身

體自然會感到緊張，反應部位因人而異，不過都是根據壓力程度來來去去的老毛病。

有種方法能讓緊縮的肌肉群派上用場：在我們快要失控時，讓身體成為早期警報系統。如果注意觀察，身體會比頭腦早一步告訴我們脾氣來了，我們即將進入憤怒與崩潰的危險地帶。

運用同情心回應練習的這一部分，我們可以訓練自己辨認這些訊號，留意哪裡的肌肉緊繃。這練習讓我們慢下來，像閱讀一本書那樣讀自己的身體。例如快要爆怒時，我通常會皺眉，繃緊股四頭肌，膝蓋不動，採取防衛姿態。多年來我在各種接觸性運動中學到這種姿勢，我的孩子或許能很快察覺，但要不是我花時間注意自己的身體模式，我不確定能否意識到。發現自己會擺出這姿勢是關鍵所在，使我有辦法避免無數次可厭的、可能令我後悔的情緒爆炸。

第二層次：能量的你

想像你在不順遂的情況，往往有低迷與被榨乾的感覺。有位母親形容像是「低頭看著一口井，發現井裡沒水，但是身邊每個人都期望你給他們水。」其他人說自己感到了無生氣，有深深的倦怠感。

　　也有人說他們感受到的是僵硬但狂爆的力量。彷彿你在冬天拿著要讓屋子暖和的柴薪，丟了一大堆到憤怒之火裡，怒火一發不可收拾，靠太近的人都著了火，但火熄了之後，留下顫抖、發冷，和因為發怒而羞愧不已的你。

　　當我們在單一情境中用了太多能量，就會有類似感覺。你付出的能量或許能燃盡來自沮喪的孩子、丈夫或妻子的反對態度，然而它也讓我們在事後精疲力竭，耗盡靈魂。不只如此，承受如火焰噴發般的能量之後，家人很可能退縮，留下寂寞、孤獨、默默感到恥辱的我們。

　　將這些感受帶入意識，就能防止未來燃起熊熊烈火，幫助我們在魯莽或精疲力竭時意識到自己的狀態，讓我們的早期警報系統更全面。

第三層次：關係中的你

　　一直高高在上、俯瞰糾纏不清的情緒是很困難的，特別是為人父母每天都會遇上這類出現得又強又快的情緒。當人們停下來，讓上述狀況浮現出圖像時，我常聽見「激動」的字眼如沮喪、生氣、怨恨，甚至是暴怒。還有「冷漠」的字眼如哀傷和悲慘，挫敗這個詞也常出現。

這是最難應付的層次之一，因為它充滿強烈的情感。然而，等我們開始進行這個部分的同情心反應練習時，會創造出一個堅固而溫暖的空間。此外，我們不會一直耽溺在這幅畫面中，而是用與對待情緒順暢圖像相同的方式處理它。我們持續練習，直到圖像浮現，然後繼續下一步。

第四層次：本質的你

無所適從令人感到難受，尤其是知道孩子可能感受到自己做了蠢事，而且跟著起舞。它可能是一種與周遭世界不同步的感覺。這會使我們覺得自己被人誤解，如果狀況持續，我們甚至會懷疑自己的動機。

有位父親與九歲女兒相處困難，和妻子也一樣。他寫道：「我知道我是誰，也知道我在職場的位置與朋友的關係，可是一回到家，我就覺得自己像個自由落體。」

和第三層次一樣，我們不會耽溺在這令人不安的體驗中，而是讓它浮現，好讓我們辨認它，避免它躲藏在我們潛意識的深處。

四種層次的平衡

　　用四種層次看待生命並非新的概念。史坦納稱我們是「由四體組成的人類」，它也是一種理解生命的方式（對許多人來說是本能）。我們都知道，自己有一具充滿活力與情感流動其中的身體。承認我們有自我意識也是基本概念，然而其中一或兩個層次往往占主導地位，使我們忽略其他層次。例如你可能強烈關注情緒，覺得這就是你，但你可能忽略內在微妙的能量流動，結果變得很容易不堪負荷，耗損心神。

　　另一個人觀察到的是他的認同感和自我，引導他和自己以及世界的關係，但他或許忽略了身體的需要，因此沒有注意飲食。有些人花大把時間在健身房鍛鍊身體，因為他們覺得那這就是自己，但他們可能在情緒的發展上很吃力。

　　如果以這四種層次看待自己，能替我們身心靈健康帶來必要的平衡。我們身體健康的基礎是免疫系統，在多數情況下免疫系統依賴它吸收的營養以抵禦疾病。運用類似的方式，我們的情緒健康和自我意識，有部分是依賴找到方法處理不堪負荷與無所適從的情緒。

　　把生病和苦難看做成長的必經之路，對我們是有幫助的，但我們必須先意識到不舒服與疾病給我們的訊息。以上就是藉由仔細探索情緒順暢與激動時四個層次的狀態，我們試圖要做的事。

第九章

情緒的吸氣：
療癒激動的情緒

　　一旦我們建構出自己在情緒順暢與情緒激動時的畫面，我們就能以特別的方式移動這些圖像。為此我們必須擁抱掙扎、沮喪與失望（也就是指情緒的吸氣），以及慶祝身為父母感受到的成功與不為人知的勝利（也就是指道德的吐氣）。讓我們從探索情緒的吸氣開始，這不表示要真的讓鼻子吸入空氣（如果在練習中用這種生理節奏對你來說有效，那也很好），而是帶入你在靈魂發燒（情感上或情緒上的「不對勁」）狀態下創造的心像。

敞開心的雙臂

接受我們自身的挑戰和靈魂發燒，可以在內心創造出類似於照顧生病孩子時的感受。如果孩子感冒，我們最基本的直覺之一是抱緊他。看到孩子不舒服會牽動我們的心弦，我們看出孩子的敏感柔弱，即便有時這令我們十分沮喪。

孩子發燒時，我們會盡可能待在他旁邊；如果他們還小，我們會把他們放在膝頭，輕搖著並唱歌給他們聽。如果他們年紀大些，我們或許會靜靜躺在他們身邊，說自己小時候的故事，陪著他們直到入睡。此時我們的直覺是縮短與孩子的距離，把他們拉到身邊。

如果在教養上遇到靈魂發燒時，該怎麼做呢？我們可以用一樣的方式，把困難拉向我們，就好像對發燒的孩子那樣，只不過這時我們是象徵性地敞開心的雙臂，迎向我們難以承受、不知所措的感受，讓這些感受靠近我們。

如果我們可以對孩子這麼做，為何在不如意時，不能把同樣的關懷智慧用在自己身上？

別把問題丟到一旁

多年前，我在某個工作坊中向一群父母演講，內容是當我們忽略教養問題時，事情會變得多麼棘手。我用「拿開行李」這個說法，試圖形容我們往往不讓自己把不順利的事情看得太仔細，畢竟這些情緒很不舒服，不想處在其中也是正常的。

我的公事包就放在一旁，它也算是「行李」，似乎是很好的隱喻。我拿起公事包，舉在離我一個手臂的距離。一開始不覺得重，但用這種方法拿愈久顯得愈重。我用還算有條理的態度演講，但舉著公事包的壓力使我的手臂抖了起來。我發現雖然自己可以表現得很正常，注意力卻必須分成兩半，一半是沉重的公事包，另一半是持續和聽眾溝通的意圖。時間愈久，我感到愈辛苦，最後必須停止。我有兩個選擇：把公事包放下，或拿得離身體近一點。當我把公事包貼在胸前時，真是鬆了口氣。重量突然間減輕許多，我也總算可以清晰思考。工作坊的伙伴看見這幕放聲大笑，他們知道這例子十分貼切，能說明我們處理問題的方式，以及舉著這些問題會讓它們顯得更加沉重。

正如我們所知，把難題拋到腦後，它可不會這

樣輕易離開。生命的法則也不是如此，隨著光陰逝去，問題會長出自己的生命，成為我們特質的一部分。然而，情緒光學（emotional optics）的法則在此產生作用：我們試著別過頭不看的東西——我們不喜歡自己的地方，別人看來一清二楚。這些都是情緒的盲點，人們或許還是喜歡我們，然而他們可能會有某種說不上來但不太對勁的感受。

這樣不會受傷嗎？

有些人生來樂於接受為人父母可能浮現的自我懷疑與失敗感，多數人卻覺得這是苦差事。有些父母需要從更多角度檢視這個原則，本章後半部正是為了讓這些父母了解自己，對此是否能坦然接受。

擁抱問題、在情感上將問題拉近，我們對此感到擔憂是正常的，探究這種心情很重要。2012 年 8 月 10 日《紐約時報》的頭版有個引人注目的頭條：「小心反安慰劑效應」。這個詞來自廣為人知的「安慰劑效應」，作法是研究人員給兩組受試者藥物，一組拿到的是真正的藥，另一組拿到的是無效製劑，不過以為是真藥。許多臨床實驗都以安慰劑決定新治療方式是否有效。

在兩個反安慰劑研究的例子中，醫生給病人注射生理食鹽水，卻告訴他們那是化療藥；結果約有30％的病人掉髮，80％的病人嘔吐。更誇張的例子是，抗憂鬱藥物實驗的受試者服用安慰劑，之後他吞了26顆藥錠，試圖自殺。即便藥錠無害，但受試者的血壓還是大幅降低，且有生命危險。我舉這些例子不是要批判任何人都會面臨的困境，只是想強調身心感受力有多強大。

身心關係正是莎士比亞戲劇《冬天的故事》中的主題。國王深信王后不忠，甚至懷疑他們的孩子不是自己的骨肉。他長久以來信任的朝臣和顧問不斷告訴他，他是錯的，王后對他真心真意，但他還是執迷不悟、找出經過扭曲和誇大的微小事件，並說服自己是對的。

這麼做的同時，他錯過許多與妻子相愛的時間，以及朋友與顧問的肺腑之言。結果釀成悲劇，混亂的國王囚禁妻子，將她送上法庭審判，即便他諮詢神諭（他一直以來深信、直接從靈界對他說話的聲音），神諭告訴他王后是真心的，孩子也是他的，國王還是相信自己的妄想。

在莎翁劇中眾人聚集的經典時刻，國王堅決否認神諭所說的真相，而王后聽到兒子已死的消息陷

入昏迷。在最悲劇性的一刻，結冰的靈魂寒冬裂開一條縫，萬物滋生的春天到來。國王的悔改帶他踏上長達16年的靈性之旅，他學會關心周遭的人，聆聽他們的故事以及他們如何看這世界。最終，國王戲劇性的與他以為死去的妻子重逢。

幸好最後有美好的結局！這故事告訴我們，信念確實有自己的生命。

做出有意識的選擇

令人不安的情緒真相來自負面經驗，它無論如何都會找上我們。我們可以有意識的面對，或毫無防備地遭到真相襲擊。明知道難受的感覺存在，卻別過頭去堅持歡樂，這種選擇有其風險。

我們或許對於將行李貼近身邊的作法有所保留。有些人說，他們不知道是否真的該讓這難受感進入心裡。然而，這些感覺早已在心裡，問題在於我們該拿它怎麼辦。

我的朋友傑門‧麥克米連（Jaimen McMillan）是空間動力創始人，他說過一句很明智的話：「我們不能控制什麼事來到生命中，但我們可以決定在哪裡以及如何與它相遇。」

讓壞消息變成好消息

現在有太多應用程式讓我們（或說騷擾我們）評價在餐廳或商店裡的消費經驗，這種主觀的評分文化似乎已蔓延在生活各方面，身為父母的我們嚴屬評價自己的趨勢也在所難免。

我還記得某個怪異的情況，當時我設定衛星定位系統，要在森林裡找一棵有名的古老紅杉。我和家人靜靜坐在那棵壯觀的大樹前面好一陣子，敬畏著它的存在。然後我們帶著對大自然的驚嘆，回到摩托車旁準備離開，這時我的智慧型手機跳出一個畫面，要我評價這棵樹和我們的感受！還記得當時我說：「怎麼在數位裝置上替內在的寧靜感評分？」我和家人都笑了，我們認為豎立數千年、歷經無數火災與洪水的大樹，大概不太在意我們給它的分數。

這件事讓我想到我們的評分文化，稍加研究這個主題就很有啟發性。以下是其中的奧妙：就算餐廳得到了一連串正面評價，只要一、二個負面評價，就能消除讀者心中所有的好印象。顯然負面評價比正面評價更有影響力。不過套一句我小時候的電視廣告詞——「稍等，還不只這樣。」如果餐廳

老闆以開放誠實的態度回應負面評價，不只能消除壞印象，還能提升讀者對餐廳與服務的正面印象。

同情心回應練習能幫助我們採取所需的行動，將負面自我評價轉化成正面自我評價：坦然接受並擁抱我們有時會做錯事的事實，不需替自己辯解，也不需反彈及否認。此外，這項練習能提升自我價值感，重拾自信心，好讓我們提供孩子情緒調節良好的安全港灣。

溫柔對待自己

同情心回應練習讓我們能更有意識地面對教養過程中浮現的情緒，而且它的方式很溫柔（為了有同情心地回應孩子，卻採取強硬的練習方式，未免太諷刺）。關鍵在於，它提供同樣大的空間給我們內在的激動情緒與順暢情緒。

這項練習不會過度以煩惱與自我懷疑為焦點，它不會不請自來，強行進入。知名德國導演韋納・赫佐格（Werner Herzog）接受美國國家公共廣播電台的訪問時形容得很好：

人們把心理治療看得太重要，想要盡可能

知道自我的一切。這種想要知道的意圖，是很
貪婪的思考方式。

如果你不分晝夜，持續照亮家中每個角
落，將不再有任何神祕感。這樣的屋子會沒辦
法住人，逼得你不得不離開。現代心理治療與
大部分新時代運動就是這麼做。我們著迷於亮
晃晃的屋子細節，這光線卻是不對的。

在同情心回應練習中，我們既照亮成功，也照
亮艱困。這道柔和的自我原諒之光，照著我們沒能
成為心目中理想父母的諸多失敗，同時默默讚揚我
們做對的那些時刻。

第十章

道德的吐氣：
釋放順暢的情緒

　　為人父母總會有遠大的想法，有時叫人吃驚的是，我們也確實達成目標。我們或許不常談起這些價值觀，但它們就潛藏在家庭生活之中。眼看快要成功時，我們可能暗自歡喜，或讓喜悅湧上心頭，有時喜極而泣。我們也可能不張揚、在別人看不見的地方跳快樂的舞。不過通常我們只會鬆了口氣，有種彷彿做對了的感覺，想著或許我們賦予自己的這份教養工作是有價值的。

　　這一章我們會探索如何培養出微妙而崇高的教養時光，替同情心回應練習的下一步驟做準備。我

們將會享受勝任父母帶來的溫暖，讓它向外流動，讓自己沐浴在它的柔光中。就這層意義而言，它是一種情緒的吐氣（再次說明，這不表示你必須在練習時專注在身體的吐氣，不過如果這樣做對你來說是有效的，那也很好）。吐氣是將情緒激動的自我心像往內拉的一種平衡方式。

讓我們挖掘得深入一些，認識自己的自信與能力。如此一來可培養順暢的情緒。

准許自豪

如果我們在家裡說著自己做的事有好結果或受人稱讚，比方說學校老師表揚一篇花了很多功夫寫的報告；或是我們看到圍籬壞了，趕在動物跑出去前修好破洞時，可能會有人回應：「噢，有人在炫耀喔！」但我很愛問我妻子凱瑟琳和孩子們：「今天有什麼得意的事啊？」幾乎每次都會聽到一些很棒、很溫暖的小成就。我不確定為什麼我的母親常說那句來自長老教會的金句：「稱讚自己根本不算一種稱讚。」還好這沒有烙印在我心上，因為我很愛聽家人訴說他們微小的勝利。我就是好奇他們碰上什麼問題又怎麼克服的，我也想看到他們訴說事

情經過時，發亮的雙眼和嘴角的微笑。

燃起才華的火花

替其他人歡呼，往往比看到自己的優點容易。例如我們或許有個好點子，但與其發自內心說出來，我們反而去讓其他人發表，再引用他說的話，藉此證明那是有根據的想法。對許多人來說，肯定自己有價值並不容易，尤其在為人父母時。以下摘自瑪莉安‧威廉森的著作《愛的奇蹟課程：透過寬恕，療癒對自己的批判》中的知名段落，似乎能替我們做很好的總結：

> 我們最深的恐懼不是能力不足，而是我們的力量強大得難以估算。最令我們害怕的不是我們的黑暗，而是我們的光。我們自問，我怎麼會是聰明絕頂、美豔動人、才華洋溢、出類拔萃的那個人？事實上，你為何不能是那個人？你是上帝的孩子。自我設限的人對世界不會有貢獻。把自己變得渺小，好讓周遭的人有安全感，這麼做一點也不明智。我們注定要散發耀眼的光芒，就像孩子一樣。我們生來就是

要彰顯內在的上帝榮光，這榮光不在某些人身上，而在所有人身上。我們讓自己發光的同時，無意間也讓他人發光。當我們從恐懼中解脫，我們的樣貌自然也能讓他人解脫。

為何緊抓不放

我們經常談論或回想最珍貴的回憶和最輝煌的時刻，因為它能帶來撫慰，但是我們可能抓得太緊，以至於先前美好的感受變成固著的圖像，失去了溫暖與活力。同情心回應練習能扭轉這習性，釋放這些美妙的時刻，讓產生的心像擴張、增長，直到以光芒包圍我們。為此我們使用情緒順暢的心像當作火種，將這個圖像向外擴散，直到它創造並放出溫暖，且我們的內在充滿平靜的喜悅為止。

給予自己鼓勵

如果你把某個進展順利的狀況告訴朋友，而他請你多說一些你在其中的角色，你可能可以照實說出自己做的事帶來非常正面的結果。何不用這股能量問自己，「我能為自己和家人做什麼深刻而單純

的好事？」一位母親告訴我，有時她失控了，讓孩子聽見自己罵髒話。她非常羞愧，而當兒子學會那些話並說了幾次之後，她的羞愧變成絕望。

可想而知，這使她開始懷疑自己，「這次我是不是真的搞砸了？」我問她用溫柔關切的口吻和孩子說話的次數，她回答，「我不知道，很多次吧。」我說，「說真的，我們來算一下。」她是全職家庭主婦，和孩子有許多相處時間，我們先估算她在一小時內可能說出的關懷話語，然後簡單算一下，發現在一個月內，她很有可能對孩子說了大約500次關愛的話！

你或許可以看出這段對話的結果。我問她一個月內會對孩子說幾次嚴厲的話或讓髒話脫口而出？她說少於20次。我們可能不是運動迷，不過當一場比賽的比數是500比20時，任何人都能推斷前者大獲全勝。她的雙眼泛著淚水、小聲說，「沒錯，謝謝你。我想我必須記得這一點。」

黃金時刻日記

許多人都會寫日誌或日記，這是個自由又安全的空間，讓我們在其中誠實反思人生該如何過，以

及內心的觸動。

黃金時刻日記是準備進行同情心回應練習不可或缺的工具。它和一般日誌有些不同，因為黃金時刻日記讓你有機會專注在人生中某個特定的面向——教養上的成就。以下是寫日記的方式：每天晚上花幾分鐘回溯這一天，找出我們在第八章提到那些你感受順暢的時刻，找出你可以放鬆、能量充足、覺得平靜與專注的時刻。幸運的話，你或許能發現兩三件進展順利的事情，不過重要的是探索你的感受，品味它並沉浸其中，讓自己澈底享受這教養能力的微小奇蹟。

幾乎每天都會發生某個微不足道的成功，這些時刻並非不存在，只是我們往往把標準訂得過高，或在一天結束後，我們累得連花30秒回想都辦不到。一對夫妻說他們會在關燈睡覺之前，一起回想當天的黃金時刻。通常至少其中一人會記得某件事，更棒的是這能讓他們以歡喜的心情結束這一天，並且像那位父親說的，「帶著微笑睡著」。

許多人表示，這項練習很適合在傍晚做，平衡家人在晚上浮現的擔憂與焦慮。有位年輕的父親試著克服疑慮，他擔心自己不夠穩定和成熟，不能協助養育襁褓中的女兒。他決定每天上床睡覺前，將

「小小的光輝時刻」寫在日記裡，他與我分享其中的隨筆：「夜深了，我好疲倦。所有疑慮都冒出來了，它們似乎偷偷潛入腦海，我躺在床上，陷入絕望的思緒中。」幾週後寫著：「我開始做這件事（寫日記）後，不好的感受沒有離開，但現在它們不再把我壓垮。」幾個月後他寫：「小小的光輝時刻變大了。哇，我想我已經能在當下就知道自己創造了這樣的時刻，而不是回憶時才發現，這太棒了！或許它變成了某種習慣？有趣的是我沒料到會這樣。很喜歡這種感覺。」

另一位父親是營造公司老闆，公司規模小但壓力大，他提到這個練習的幫助：「我之前總躺在床上擔心生意，想著我能否讓一切上軌道。我的成長過程中沒有得到太多安全感，付貸款和供養孩子更是讓我有壓力。因此與其數羊，我開始和妻子與孩子數算當天幸運的事與黃金時刻。我半強迫地讓自己正視真正重要的事，還有我們一切平安。它提供我需要的正念，我似乎不再緊張兮兮。」

一位撫養孫女的祖母對時間做了有趣的評論，她說：「一天過得飛快，使我有種成就感，好像我把所有事都搞定了。寫這份日記讓我有出乎意料的發現，一兩週後，我開始在黃金時刻發生時就注意

到，我很驚訝。那天彷彿慢了下來，不會那麼匆忙。」問她為什麼會發生這種情形，她回答，「或許是因為它給我一個機會喘口氣，活在當下，不要一直為了孫女忙東忙西。」

黃金時刻日記可以寫在來自某個可愛小店的特別筆記本，或是一本普通的舊筆記本。有些人會用手機錄音，在需要讓自己安心時播出來聽。最重要的是，你得花時間回想情緒順暢的美妙感受，或許只是涓滴細流，也或許如滔滔湧泉——然而核心感受都相同，當我們需要知道自己有能力製造平靜的光輝時刻時，黃金時刻日記就能鼓舞我們。

全新的方向

同情心回應練習的重點之一，是以擁抱自己與他人的負面情緒與心像為基礎，讓我們接受已固著與僵硬的激烈情緒和關係中的困難面向。它也幫助我們不要落入基於恐懼的自我實現預言模式，並對自我情緒提供誠實但關懷的觀點。

情緒的光合作用

我們必須在面對挑戰與擁抱成功之間，取得不可或缺的平衡。正如之前探討的，重點是不要推開或否認我們身上不如預期的事，但也不要忽視自己做對的事。植物在大氣中排放二氧化碳以製造我們需要的氧氣，這與我們處理靈魂發燒與靈魂順暢流動以便成為更稱職的父母，有許多相似處。有趣的是，植物需要二氧化碳與光和水的反應才能產生氧氣，同理，在與孩子的關係上，父母也需要吸收自己覺得艱難甚至討厭的事，讓這件事與教養上流暢的、充滿光的面向產生情緒的化學反應，產出良好而乾淨、有益健康的空氣，讓全家人都能吸入並受到滋養。

第十一章

同情心回應練習：
第一階段

　　希望你已很了解這項練習，以及它能幫你達成什麼轉變。練習分為兩階段，本章將引導你進行第一階段。重點在於仔細描繪出你生命中與家人相處融洽的時光圖像，也帶入相處不順時的心像。

　　一開始你需要搭配書上的指示，依序進行練習。這些段落經過仔細設計，可以獨立存在，很容易記住與執行。練習幾次之後，你就能把書放下，需要時再瞥一眼。就好像練習戲劇台詞，一開始得一直看腳本，感覺進展緩慢。不過這項練習絕大部分與你的個別經驗有關，從一開始的練習到你覺得

「很好，我掌握到訣竅了」所需的時間很短。在學習階段時，你需要大約10到15分鐘完成。然而一、兩週後，這項練習便花不到幾分鐘。

步驟一：時間與地點

這項練習不會太久，但最好能找一個相對安靜的地方進行。多年來我聽過父母獨自練習的趣事，地點從車上（堪稱移動中的訓練場）到廁所都有，不過如果家有幼兒，後者未必隱蔽；許多人發現在大自然中或在公園裡散步是好法子。有時你或許必須把想做的事告訴伴侶或朋友，請他們花15分鐘幫你看小孩。

上班族父母說，如果在上班日的午休或休息時間練習，當天接下來的時間他們會比較專注，也比較不會焦慮。有位父親在工作坊分享，他會在下班整理辦公桌時練習，「先完成練習，我更能準備好返回家庭生活，不會把工作上遇到的挫折轉移到孩子身上。」正如我們談過，一般人最常選擇的時間是在進行夜晚例行事務時。有位家長發現，他坐在床上比躺著更能專心。一位母親表示，「如果練習時睡著了，至少我是開心的睡著。」另一位爸爸苦

笑著分享自己如何找到獨處時光，「我大聲宣布該做家事了，結果奇蹟似地發現，大家都不見了，剩我一人。」這番話也算是一種實用的教養智慧。

步驟二：內在準備

舉行小儀式有助於營造氣氛。第一次練習時，這麼做特別有用。最常見的是在第一次想像前播一段你喜歡的舒緩音樂、閱讀特別的詩歌、文章段落或詩句。有些人會花時間注視一幅意義深遠的畫作或卡片，還有些人喜歡花片刻專注觀察一株植物、一棵樹或喜愛的風景，留意任何季節或一天不同時段可能產生的變化。

我在書末收錄了歷年來人們與我分享的詩歌與詩作。大家最常用的是聖經與魯米的詩，還有許多啟發靈感的詩句。有時你或許不是記住整首詩，只取出一、二行有意義的句子。多年來我採用亞當．畢托斯頓（Adam Bittleston）稱之為〈代禱〉（Intercessory Prayer）的詩句，加以改編，讓它專注在一個人的內在過程。我也很愛他的〈對抗恐懼〉，這首詩也收在附錄中。

在進行下一步之前，請從附錄或你現有的書籍

中選一首詩歌或詩詞。如果你用的是一段書面文字，緩慢地小聲唸出來或默唸。如果你用的是一幅有啟發性的圖像，花些時間理解它對你的意義。

步驟三：順暢的情緒

　　回想你在最佳狀態下與家人相處的特別時刻、特殊的一天或一段時間，當你回顧時，某件事的印象特別鮮明。在那樣順暢的教養狀態中，創造出一幅生動的內在心像。

　　慢慢來，深呼吸，讓這圖像浮現。準備好時，依照以下順序更深入地繼續探索。

你的身體

　　讓溫暖感受注入身體。在這黃金時刻，你或許看到以及感受到……

　　　　臉部肌肉放鬆。
　　　　放鬆的雙眼、肩膀和胸口。
　　　　垂下的手臂。
　　　　溫柔的雙手。
　　　　圖像產生的暖流經過骨盆與大腿，進入並

圍繞膝蓋。

腳趾張開，像獅子般大而柔軟的腳掌。

「我感到深層的放鬆。」

你的能量

在這黃金時刻，你或許會看到以及感受到……

自己的活力源源不絕。

我內在的精力與能力足以輕鬆應付生活上
的需求。

我的內在生命力滋長。

「我能迅速恢復精力。」

你的情感

在這黃金時刻，你或許會看到以及感受到……

心情愉快。

平靜。

風趣。

有包容力。

「我是平衡的。」

你的自我感

在這黃金時刻，你或許會看到以及感受到⋯⋯

對於未來有開放的心胸。

與他人同步。

信任他人也受他人信任。

有決斷力。

有權威。

「我精神集中並且穩定。」

現在柔和地專注在你描繪的圖像上，然後把它放在一邊，替浮現出的新心像創造空間。

步驟四：靈魂發燒時

回想你覺得非常艱難的特別時刻、特殊的一天或一段時間，當你回顧時，某件事可能特別鮮明。在與家人關係不順遂、情緒激動的教養狀態中，創造出一幅生動的內在圖像。

慢慢來，深呼吸，讓這圖像浮現。準備好時，依照以下順序更深入地繼續探索。

你的身體

在情緒激動的時刻，你或許看到及感受到……

臉部肌肉緊繃。

眼睛瞇起。

肩膀和胸口肌肉僵硬。

手臂緊繃。

雙手握拳、雙腿不動。

腳趾縮緊抓地。

「我受到束縛。」

你的能量

在情緒激動的時刻，你或許看到及感受到……

我沒有活力。

我憔悴而昏昏欲睡。

我很僵硬。

我的能量不穩定。

我很侷促。

生活中的種種要求將我內在生命力淹沒。

生命力流失。

「我無法承受。」

你的情感

在情緒激動的時刻，你或許看到及感受到……

心情沉重。

沮喪、憤怒。

紛擾不安。

沒有幽默感。

責備。

「我很脆弱。」

你的自我感

在情緒激動的時刻，你或許看到及感受到……

對未來的焦慮。

與家人不協調。

擔憂與不信任。

不確定與優柔寡斷。

缺乏客觀性。

覺得自己被別人針對。

死板、僵硬、專斷。

「我很迷惘。」

步驟五：完整的你

正如我們之前所做的，柔和地專注在你描繪的圖像上，然後稍微把它移到旁邊，讓自己可以看見情緒順暢和情緒激動的心像並排。試著平衡這兩個圖像，不要讓其中一個占主導地位。用你腦中的眼睛來回看這兩個圖像：光與暗，穩定與不穩定，順暢與激動。

這都是你。你的掙扎、悲傷與你的成功同樣重要。花些時間，盡可能以平靜的心情看著它們。

你已經完成同情心回應練習的第一階段，做得很好！下一章，我們會練習移動這些圖像，以便融合激動的情緒，並釋放順暢的情緒。對許多人而言，第二階段是美好又能感到解放的體驗。

第十二章

同情心回應練習：
第二階段

運用道德呼吸

　　許多自我發展的途徑都包含有意識的運用呼吸。在同情心回應練習的第二階段，我們也會用到呼吸，但它是不同的方式，我稱為「道德呼吸」。正如前幾章討論，我們不是把重點放在身體的呼吸動作，而是將心像與激動的情緒連結，然後將情緒拉向自己，把它往內移，與它融合，接著釋放情緒順暢的圖像。如果這樣的擴張和收縮剛好符合自然呼吸節奏，那當然很好，但不要侷限自己，不用讓

你正在描繪的圖像配合身體的呼吸。

在這部分的練習中，你會看見「心的雙臂」這個詞，它用來釋放珍貴的高我，並迎向情緒激動的自我。常見的「我心飛揚」、「心情沉重」和「溫暖的心」等類似概念不勝枚舉，這些詞語指的「心」不只連結身體的心臟，也是一種表達深層自我的姿態。這溫和但強大的圖像能將我們的情感生活從印象的被動接收者釋放出來，並且主動利用這圖像協助我們達成目的。

你也會看見「同情心之海」，這個詞是指我們內在的一個地方，當家人或朋友發生改變生命的事件，或有時為了回應世界上的天災人禍時，我們才會認識同情心之海。然而，這廣袤無垠的空間一直都存在我們的內在。

在這段練習中，我們開闢出通往同情心之海的道路，無須等到生命中的重大事件帶我們前往。然後我們用這樣的能力培養同情心，帶來每位父母都需要但最難掌握的重要改變：原諒我們有時無法實現自己的教養理想。畢竟，唯有接受並且原諒處在最糟時刻的自己，我們才能達到最佳狀態。

步驟一：發光

- 讓注意力回到完整的你。把順暢的你和激動的你擺在一起，觀看這兩種圖像。
- 敞開心的雙臂，歡迎你創造出的順暢圖像。
- 抱著它靠近自己，但要輕輕地。
- 感覺你的舒適、恢復力、平衡和穩定力帶來的溫暖逐漸累積，盈滿胸口。
- 花些時間，讓對家人源源不絕的愛意貫穿你。讓它向上流經頸部和頭部，向下流經身體下半部。流動的愛意不但在溫暖中滋長，也在光中滋長。
- 擁抱心的雙臂裡的光，然後向外伸展。
- 分享這道光，釋放不斷發光的它，讓它溫和地發散到你周圍。
- 感受你創造出的平靜、穩定與集中的溫暖。

步驟二：融合

- 敞開心的雙臂，伸向情緒激動的圖像。
- 把自己當成發燒的孩子，帶著愛擁抱困境中的自我，輕輕搖著它並拉向自己，但保持在

你覺得舒服的距離。

- 如同看著發燒孩子般的關愛眼光，以平靜的態度，抱持著好奇，看著情緒激動的自我。
- 情緒激動的自我愈靠近，愈能減輕你背負已久的情緒重擔。
- 拉近它時，將它當成你廣大同情心之海裡的一滴水，並安置它。
- 默默地、緩慢地對自己說：「我原諒我。」
- 重擔變輕了。
- 騷動的情緒平息了。
- 迷惘的心神集中了。

步驟三：發光與融合

重複以上步驟至少兩、三次，以心的雙臂先釋放再散發出情緒順暢時關愛與集中的圖像，然後把在困境中的、情緒激動的自我拉向自己，再用充滿同情心的寬恕包覆它。

步驟四：融為一體

現在，和之前所做的一樣，將情緒激動的圖像

往內移動，但這次同時將情緒順暢的圖像往外釋放。盡量讓這兩個圖像相遇後合併，如果一開始它們沒有合併也沒關係，這並不容易，慢慢練習。

不再分離……

　　黑暗與光明融為一體，
　　混亂與平靜融為一體，
　　穩重與輕浮融為一體，
　　激動與順暢融為一體。

這是融為一體的你。

　　我是我。
　　我是一個整體。
　　我在。

步驟五：結束

再花一點時間保持寧靜，給予你創造出的整體所需的空間，以便澈底吸收它。如果覺得內在有話想說，聆聽這些話，然後寫下來。有位設法擺脫生氣反應的父親，他內心浮現：「和善的人是強大

的，而強者也是和善的。」面對與孩子的艱難情境時，情緒被挑起的父母都能透過這類短語或格言，讓自己平靜下來。

同樣地，如果有圖像浮現，給它一些空間。許多年前我在練習的最後階段，腦海中浮現一幅生動的圖畫，是一棵堅韌、成熟、根扎得非常深的橡樹。那是在夏天，枝椏向四處伸上，濃密的樹葉遮住烈日，形成涼爽的樹蔭。思索著這圖像時，我注意到樹上綁著一座鞦韆，我的孩子正在盪鞦韆。我笑了。在那之後，只要覺得怒火快爆發，我就回想這幅圖像，它為我創造出美好的空間，使我寧靜的接受激動的我和冷靜的我，並提醒自己，孩子們可以在我的陰影下乘涼。

這些圖像和話語並不平凡，它們來自更深層的地方。有些人說覺得圖像和話語「來自天堂」或「靈魂的食糧」；還有人說它們是「上帝給予的禮物」。我喜歡這樣的說法。

現在你學會這項練習了。過去你面對孩子時，很可能落入令人厭惡的舊有互動模式；而當你能在這樣的時刻正確運用同情心回應練習，會發生什麼事？這才是此項練習真正的重點。那將多麼愉快——不，正確來說是多麼振奮人心！

第十三章

同情心回應練習：
給孩子

「我能否做同樣的練習，但對象是孩童或青少年，不是我自己？」

即使是同情心回應練習只做了一小段時間的人，都會很快明白他們可以把這項練習用在許多關係上。當然，父母第一個念頭就是把焦點從自己的困難，轉移到經歷困難的孩子身上。照顧者和老師也會對他們服務的孩童和青少年產生同樣的念頭。

基本上我們使用同樣步驟。你不是專注在自己身上，而是創造一個孩子的心像，先是情緒順暢的，再來是情緒激動的心像。然後運用前一章學到的道德呼吸技巧，將孩子情緒激動的圖像拉近你，

與你融合，然後擴大情緒順暢、充滿光亮的孩子圖像，並在其中感受喜悅。以上步驟關照了完整的孩子，是以整體思考孩子的好方法。它尤其能讓我們擺脫將孩子病理化、過度把焦點放在孩子的行為徵兆，或冷冰冰地分析孩子的態度。它開啟了一種方式，指認與瞭解孩子的困難，而不是為孩子貼上一輩子的標籤和限制。

整體思考孩子，這樣的練習有以下三種好處：

1. 支持與理解孩子。花時間進入孩子的感受，我們更能準確找到問題，同理孩子。這也有助於我們避免批判與錯誤假設，導致挫折，使情況惡化。

2. 自我調節。無論在家裡或在學校，往往是同個孩子一再惹惱你。把練習的重點放在孩子身上，你面對不當行為的反應會更穩定與冷靜，能擺脫舊有的負面慣性循環。

3. 整合。我們很難不受到孩子不當行為的影響，但我們的反感與受到遮蔽的觀點會愈積愈多，因而落入其中。所有身陷其中的人都難以處理，甚至具有毀滅性的慣性關係。小孩覺得：「她就是討厭我。」大人則是看見

一個「問題兒童」。這項練習提供你開拓視角的方法，也提供策略讓你理解孩子的困難，同時看見他是個多麼美好的孩子。

　　對父母以及老師來說，照顧發燒、身體不舒服的孩子天經地義。如果孩子很小，我們會抱著他，可能哼首歌或安靜坐在他身邊，讓他知道有我們在很安全。或許出於這個本能，替情緒發燒的孩子做同樣的事也是直覺；我們用雙臂抱著發燒的孩子，而面對情緒發燒的孩子也是，只不過用看不見但強而有力的心之雙臂。

　　在這項練習中，我會請你伸出心的雙臂，將困境中的孩子擁入懷中。你或許需要一番練習，才能像你照護生病的孩子那樣自然。你可能覺得營造這種親密感非常困難，特別是假如你已累積了強烈的反感。你或許在潛意識中把問題舉在距離自己一個手臂之外；如果你過去已有一些轉移挫折感的策略，這樣做也可以理解。事實上，如果你選擇支持這個孩子，這或許意味著你其實準備拉近憎惡的行李，並藉由這麼做減輕關係的重擔。然而，如果在這練習中的呼吸階段，你出現任何保留態度，請別苟責自己，將發燒孩子的圖像往身邊拉近時，保持

在舒服的距離就好。隨著時間過去，你一定能縮短
自己與圖像的距離，更能展露歡迎的姿態，但目前
你只要做感覺舒服的事，不用做得太多。

如何運用

你會在這一章節讀到現在你已經很熟悉的描
述，也就是情緒順暢與情緒激動狀態的四種圖像。
稍早體驗道德呼吸也以同樣模式進行，但這回你是
在心裡想著孩子的圖像。我不是請你將引導方式從
成人直接轉換為以孩童為對象。我重新設計，略微
更動步驟中的描述，你可以順暢地進行以孩子為焦
點的練習。希望用同樣架構和類似用語不會使你覺
得重複，而能有回顧和重點提示的功能。有些段落
我重新寫過，也做了小更動，你不用來回比對，但
別跳過這些文字，因為我做了些改變，也加入數個
新故事和引導重點。

有些人也許一開始就想以孩童為對象進行同情
心回應練習，這裡完整提供他們需要的訊息。我希
望即使你已經讀過這些概念，在以孩子為對象的背
景之下，再次閱讀相關內容，同樣能獲益良多，或
許有更深刻與不同的觀點。

步驟一：時間與地點

找個你可以保持10到15分鐘不被打擾的地方。即便如此是奢求，但就算沒辦法，也不要放棄。通勤時間、整理陽台或走路到公車站的時間，都能做這項練習，也能作為一段冥想的時間。

步驟二：內在準備

選擇要擁抱的孩子

這一步要選擇在冥想中要擁抱的孩子。對父母來說很容易，不過教育者或許會經過一番深思熟慮。最直接的選擇是激怒你的孩子，這意願往往隨著你希望轉化的反感而增加。然而，你或許決定選一個安靜的孩子，他時常被忽略，因為他不會用吵鬧的行為或爭端引人注目。你也可以選擇對你來說很神祕的孩子，你希望更瞭解他，進而提供幫助。

象徵物與儀式

我喜歡在面前放一些代表這孩子的象徵物品。它可以是孩子畫的畫或手作品，也或許是一張特別的照片，孩子的靈魂可以透過照片發散光芒。你也

可以在一旁放一碟孩子收集的特殊貝殼或小石子等簡單東西。花些時間凝視這些象徵物品，重建你對這美妙存在的感受。接下來，你或許想唸一段在這情境下對你有意義的詩句（可參考附錄）。我喜歡用亞當・畢托斯頓的〈代禱〉，我覺得這些字句特別有價值。這些詩句所說的，不是對我、對孩子泛泛而論的美好願望，而是指向守護孩子的存有，將詩句中傳達的希望，透過靈性管道給予這孩子。

步驟三：順暢的情緒

回想某個孩子處在最佳狀態的時刻，它可以是在特別的一天或一段時間內，或某件令你印象深刻的事。創造一幅孩子情緒順暢的生動內在圖像（為方便起見，以下敘述中我用「孩子」這個字，但這套練習同樣可用於青少年）。

慢慢來，深呼吸，讓圖像浮現。準備好後，依照以下順序繼續探索。

孩子的體態

在這黃金時刻，用以下身體部位的狀態創造一幅孩子的圖像：

放鬆的臉部肌肉。

柔和的眼神、放鬆的肩膀與胸膛。

輕柔的雙手。

「這孩子非常自在。」

孩子的能量流動

在這黃金時刻，用以下能量狀態創造一幅孩子的生動圖像：

精力源源不絕。

內在活力與能力能輕易滿足生活所需。

生命力蓬勃發展。

「這孩子活力充沛。」

孩子的情緒之流

在這黃金時刻，用以下的情感狀態創造一幅孩子的生動圖像：

樂觀的。

平靜的。

喜愛玩樂的。

樂於接受的。

「這孩子是平衡的。」

孩子的自我感

在這黃金時刻，用以下的自我狀態創造一幅孩子生動的圖像：

對未來保持開放的態度。

與他人步調一致。

信任與被信任。

果決。

清晰。

「這孩子是穩定的。」

現在開始柔和地專注在你建構的圖像上，然後把圖像放在一邊，替浮現的新心像創造空間。

步驟四：不對勁的情緒

回想某個特定時刻，可以是特定的一天或一段時間，這時孩子面臨極大的困境，當你回顧時，某件令你印象深刻的事。創造孩子在激動情緒中的圖像，他面臨艱難的情況，事情一點也不順利。

慢慢來，深呼吸，讓圖像浮現。準備好之後，依照以下順序繼續探索。

孩子的身體

在孩子情緒激動的時刻，用以下身體部位的狀態，創造一幅孩子的圖像：

臉部肌肉緊繃。

瞇眼睛。

肩膀和胸膛緊繃。

手臂用力。

雙手握拳。

雙腿僵硬。

腳指緊縮。

「這孩子受到束縛。」

孩子的能量

在孩子情緒激動的時刻，用以下能量狀態創造一幅孩子的生動圖像：

沒有活力。

頹廢萎靡。

僵硬。

能量不穩定。

覺得受到阻礙。

內在力量被生活所需的事物淹沒。

生命力流失。

「這孩子不知所措。」

孩子的情感

在孩子情緒激動的時刻，用以下孩子感受到的情緒流動，創造一幅孩子的生動圖像：

情緒尖銳，有針對性。

心情沉重。

沮喪、生氣。

易怒。

沒有幽默感。

怪罪他人。

「這孩子情感脆弱。」

孩子的自我感

在孩子情緒激動的時刻，用以下孩子感受到的自我狀態，創造一幅孩子的圖像：

對未來感到焦慮。

與家人或同學步調不同。

擔憂與不信任他人。

缺乏信心，優柔寡斷。

缺乏客觀性。

覺得他人的言行都是針對自己而來。

苛刻、緊繃、霸道。

「這孩子迷失了自己。」

步驟五：完整的孩子

現在柔和地專注在你描繪的圖像上，然後把它稍微往旁邊移，讓孩子情緒順暢與情緒激動的兩種心像並排。試著平衡兩張圖像，不要讓其中一種占據心頭。用你的心，來回看著圖像：光與暗，輕與重，順暢與激動。

這是完整的孩子。他的掙扎與悲傷和他的成功一樣真實與必要。慢慢來，盡你所能，用平靜的心看著這兩張圖像。

道德呼吸練習

許多自我發展的途徑，都要運用有意識的呼吸。在同情心回應練習的這個階段，我們會用到呼吸的姿態，但是以一種截然不同的方式，我稱之為「道德呼吸」。正如前幾章提到，重點不在真實的呼吸動作，而是把情緒激動的孩子心像拉向自己，往內心移動，與它融合。然後你會向內與向外釋放孩子情緒順暢的圖像。如果這樣的擴張與收縮剛好符合你自然的呼吸韻律，那當然很好，但盡量不要侷限自己，不用刻意讓正在處理的圖像去配合真實的呼吸動作。

在這部分的練習，你會看見「心的雙臂」這個詞，它是用來釋放珍貴的高我，也是為了向孩子情緒激動的自我伸出援手。使用類似概念的詞語很多，例如「我心飛揚」、「心情沉重」和「溫暖的心」等。這裡指的「心」不只要與心臟連結，它指的也是一種表達深層自我的姿態。這溫和但強大的圖像，能將我們的情感生活從印象的被動接收者中釋放，並利用這圖像主動協助我們達成目的。

你也會看見「同情心之海」，這個詞指的是內在的一個地方，當家人或朋友發生改變生命的事

件，或者如果你是老師，班上的孩子、家長或學校同事發生重大事件時，我們才會認識同情心之海。然而，這廣袤無垠的空間一直都在我們的內在。經由練習，我們開闢出通往這裡的能力，無須等到生命的重大事件帶我們前往。然後我們運用這個能力培養對孩子的同情心，如此能帶來每位成人都需要但最難掌握的重要改變：寬恕孩子。

步驟一：發光

- 讓注意力回到完整的孩子。把順暢的孩子和激動的孩子擺在一起，觀看這兩種圖像。
- 敞開心的雙臂，歡迎你創造出的順暢圖像。
- 抱著它靠近自己，但要輕輕地。
- 感覺孩子的舒適、恢復力、平衡和穩定感帶來的溫暖逐漸累積，盈滿胸口。
- 慢慢來，讓你對孩子源源不絕的愛意貫穿你。讓它向上流經頸部和頭部，向下流經身體下半部。流動的愛意不但在溫暖中滋長，也在光中滋長。
- 擁抱心的雙臂裡的光，然後向外伸展。
- 分享這光，放開它，讓它滋長，讓它發光。

讓它溫和地發散到你周圍。

- 感受你創造出的平靜、穩定與集中的溫暖。

步驟二：融合

- 敞開心的雙臂，將雙臂伸向孩子情緒激動的圖像。
- 帶著愛擁抱困境中的孩子圖像，就像對待身體不舒服的孩子，輕輕搖著它，把它拉向你，保持在你舒服的距離就好。
- 看著情緒激動的孩子。以平靜的態度，抱持著好奇心看著他。
- 孩子圖像愈靠近，你的情緒重擔就愈輕。
- 拉近時，將圖像當成你廣大的內在同情心之海裡的一滴水，安置它。
- 默默、緩慢地對自己說：「我原諒。」
- 重擔變輕了。
- 騷動的情緒平息了。
- 迷惘的心神集中了。

步驟三：發光與融合

重複以上步驟兩、三次。以心的雙臂，先釋放再散發出孩子情緒順暢時關愛與穩定的圖像。然後把待在困境中的、情緒激動的孩子拉向你，再用充滿同情心的理解包覆它。

步驟四：融為一體

現在，將情緒激動孩子的圖像往內移動，但這次同時將情緒順暢孩子的圖像往外釋放。如果可以的話，讓這兩張圖像相遇後合併。如果一開始它們沒有合併也沒關係。這不容易，慢慢來。

不再分離……

黑暗與光明融為一體，

混亂與平靜融為一體，

穩重與輕浮融為一體，

激動與順暢融為一體。

這是成為一體，完整的孩子。

步驟五：尾聲

再花一點時間保持寧靜，給予你創造出的整體
所需的空間，以便澈底吸收它。如果覺得內在有話
想說，聆聽這些話，然後寫下來。

如果心中浮現一幅圖像，也請給它空間。這些
圖像和話語並不平凡，它們來自更深層的地方。有
些人說「來自天堂」或是「靈魂的食糧」；還有人
說是「上帝給予的禮物」。我喜歡這樣的說法。

分享這份禮物

如果在練習時你心中浮現出格言或圖像，請考
慮將它分享給你的伴侶、朋友或同事，聊聊它可能
代表的意義，就好像你設法弄懂夢境的意義一樣。
嵌入圖像與話語中的訊息，往往不像夢境那樣難
解，因為它們來自於意識，而不是出現在睡眠中。
這些圖像和話語或許非常強大，能有效揭露我們的
需求，讓我們知道什麼是與孩子或青少年相處的最
好方法。如果你心中浮現出一些話語，試著將它組
織起來。我聽過一些很棒的格言，例如「我會帶給
你陽光的溫暖。」「昨天已經過去，今天又是全新

的一天，我們活在當下。」以及「當你的海上波濤洶湧時，我是安全的港灣。」每天與青少年互動相處時，試著回想這些特別的話語。

　　以下的生動例子，說明我們如何從圖像中拾取意義，並與他人分享。我曾經和高中同事進行這項練習，我選擇一名16歲女孩做為冥想對象。我從她小時候就認識她，她生長在一個大家庭，由辛苦工作的單親媽媽撫養，家境並不富裕。這名叫瑪莎的女孩在六個孩子中排行第四，她大部分時間都和兄姊與他們的朋友在一起，長期暴露在許多不適合她年齡的環境中。令我十分關切的是，她開始參加「銳舞派對」（許多年輕人參加的音樂派對，常使用迷幻藥）。我不太確定瑪莎服用了哪些藥物，不過她看起來很不一樣。以前她保養得很好的柔順黑長髮，現在卻沒有清洗，糾結成一團。以前她會打理少量收藏的衣服，好讓自己看起來光鮮時髦，但現在她也不在乎了。至於情緒上，她要不就大發雷霆，要不就精疲力竭地趴在桌上，她的課業岌岌可危。我不但是學校的輔導老師，也是她的女子籃球隊教練，我知道她是個有才華、優秀敏捷的球員，會為隊友投注心力，但她在球隊中也開始退步，要不是不來練球，就是在球場上吵架。

其他老師同樣很關心她，但有些老師非常嚴厲地管教她。由於她的情緒十分脆弱，使得已經很困難的處境更加惡化。我將瑪莎帶入同情心回應練習之後，一幅清晰無比的圖像浮現，我覺得一定要和同事分享，他們帶著興趣前來聆聽。我們不時會這麼做，因為我們都需要某種洞察力，以便照顧這令人心疼的女孩。

來到我心中的圖像是隻可愛的兩歲小母馬，馳騁於起伏的草浪；她的鬃毛和尾巴飛揚，她伸展四肢，一心一意快速向前奔跑。我用心注視瑪莎，為她感到欣喜若狂，因為我知道她在這方面完全沒問題；然而，浮現在我眼前的圖像改變了。我從制高點看著這一幕，彷彿我跟著這匹小母馬的速度前進，但漂浮在她上方。我的位置快速上升，因此能看到全景。我看見她奔跑的這片草地邊緣是懸崖，她離崖邊只有幾英尺，懸崖之外海浪的泡沫拍打著底下的岩石，只要踏錯一步，她就會從崖邊墜落。

老師們一片靜默，沉浸在這悲慘的圖像中。第一個出聲的是粗線條但有愛心的科學老師，她年輕時曾是名騎師，她用直接了當、貴族式的英國腔說：「噢，我們最好非常注意，別驚嚇她。韁繩不要勒太緊。如果一直維持這速度，她會崩潰。」這

訊息很清楚：瑪莎已經靠近懸崖邊，我們必須引導她遠離懸崖，幫助她在精疲力竭之前慢下來。

在接下來的幾週和幾個月，我們都盡可能給瑪莎空間。老師們稍微改變對瑪莎課業的要求，並且肯定她的努力。科學老師提出「不要驚嚇她」的警告，提醒我們思考對她做的事，也讓我們各自解讀這句話。最重要的是，與其要瑪莎注意她的功課或行為，我們從自己身上找出新方法，辨認她真正遇到的困難，從更深的層面上向她伸出雙手。我很驕傲有一群這樣的同事。

瑪莎最後讀完高中（過程中不乏遇到一些挑戰），順利畢業。她念了大學，現在是備受敬重的幼稚園教師。我不禁想著，她的苦苦掙扎還有她受到的支持，是否都有助於她成為一位有才華且非常有同理心的教育者？

給教育者與專業照護者的提醒

有些教育人士與照護團隊每週都會進行同情心回應練習，每人選擇一名自己關照的學生或客戶，團體中未必所有人都選擇同一個孩子，因此每週都會有許多孩子受到關照。這項練習可以由一個人帶

領，緩慢而大聲地朗讀本章的指引。整個過程只需要5到10分鐘，卻能深化我們與學生或冥想對象，尤其是與有需求的孩子和青少年之間的關係。

在練習過程中，如果心中浮現話語或圖像，我鼓勵教育者或照護者與團體分享。如果有時間，團體成員可以簡短討論圖像或話語對他們的意義，以及如何改變與學生和冥想對象間的交流方式。隔週的任務就是將意義賦予這些圖像或話語，教職員或照護成員每次與孩子接觸時，都要試著將這句格言或這幅圖像銘記在心，對於他們和孩子或青少年的互動方式的改變，保持開放態度，無論改變大小。如果教育者或照護者定期會面，那麼下一次聚會時，可以用一段簡短的時間檢查孩子的狀態，以及成人可能做出的改變，或是他們注意到哪些細節。

PART 3

美麗的蛻變

禮物——強大的你

在這部分我們來觀察，同情心回應練習替生命帶來哪些改變。我們將探討：

- 一個簡單但深刻改變的故事。
- 當下與孩子的互動如何變得平靜與穩定。
- 你如何清楚看見孩子的意圖，而不僅是注意他的話語或行為。
- 全新與開放的情緒回應，從溫和到堅定明確，選擇權在於你。
- 知道如何修復關係所產生的療癒效果。

第十四章

提高對情緒反應的覺察

　　這絕對是令人興奮的一章，因為我們將探索新的可能，練習在風暴席捲家庭時，做出更有目的性與更冷靜的策略。

　　我們都有與孩子相處的方式，這些方式大部分都沒問題，至少能在某些時候做出對的決定，否則我們的家庭生活無法走到今天。

　　更值得你鬆了口氣的是，讀完這一章你會擁有更多種解決工具，就好像得到一台驚奇工具推車，你可以輕鬆把它推到需要的地方，不用抬著沉甸甸的工具箱到處跑。它的組合既優雅又有效能：數個小抽屜和儲藏空間，方便容納細緻輕巧的工具；較

大的抽屜可放中型工具；最亮眼的是底下數個深抽屜，可以放堅固耐用的工具，雖然這些工具你很少用，但在水管破裂、水噴得地板到處都是時，如果手邊有多功能與可調整的扳手，代表你可以減低損害，不用慌張。

讓我們來看看你可以收集到哪些工具。

解讀身體告訴你的事

身體其實一直在和我們進行情緒上的溝通，只是我們沒有仔細聆聽。我們或許會接收到訊息的前半段，例如「我今天覺得還不錯」或「這狀況叫人不舒服」。這些感覺每天會出現好幾次，我們要不是在感覺好的時候做更多事，就是在感覺不好的時候改變作法，這是直覺而原始的生存反應。

孩子的生活同樣受到身體的反應影響。最初孩子想探索任何拿在手裡的東西，使用的是觸覺；到了青春期，他們經歷許多身體上的改變。而父母在這些過程中都必須陪在孩子身旁，替嬰兒篩選他們想放進嘴裡的髒東西，替青少年篩選從他們嘴裡說出來的話，這是一種奇妙的變化。然而無論孩子的年紀，他們傳達的訊息都是：「請幫助我成長，融

入這世界。」父母得適時調整自己，觀察孩子們的
動作帶來的提示，找出可能令他們哭泣或沮喪的原
因。年紀還小的孩子，往往只會聆聽身體訊息的一
部分。身為成人，我們可以訓練自己更客觀、更有
好奇心。

同情心回應練習能讓我們做到這一點，將我們
的直覺拓展為有自覺的意識，聆聽身體給我們的完
整訊息。尤其是當衝突升起時，這麼做相當重要。

當你的孩子狀況不好的瞬間，熟悉的緊繃感偷
偷潛入你的身體時，留意孩子——也就是從陽台上
觀察。這樣簡單的行為，大幅降低了你糾纏在情緒
激動、無效回應死結中的可能性。畢竟70％溝通不
是透過語言，正如同我們能在說出口之前，意識到
自己內在有傷人或責備的言語，我們也能意識到肢
體語言告訴我們的事。

放鬆的身體，柔和的眼神

我們都知道，肢體語言和臉部表情能對孩子傳
達非言語的感受。當孩子難過或脆弱時更是如此，
在他們悲傷時，平常的保護膜彷彿脫落了。一位母
親說：「當我三歲大的孩子做了某件她知道不好的

事情後，她會直視我的眼睛，看看我要怎麼處理。如果我看起來在生氣，哪怕只有一點點，她也立刻溜之大吉，而且跑得很快。如果我很冷靜，她會留在原地，看起來一臉後悔。」

如果能控制沮喪的情緒，穩住腳步，我們的體態就會改變。我們的身體會挺直但不僵硬，比較流暢自在，放鬆到幾乎難以察覺的狀態。比方說：

- 膝蓋不會鎖死並向後推，而是自然放鬆。
- 雙手不會握拳，手臂不會交叉，而是放在身體側面。
- 肩膀不會聳起緊繃，而是寬而放鬆。
- 脖子不會緊縮變短，而會微微伸長。

臉部一樣會受影響。我們不一定會面帶微笑，畢竟孩子說或做了某些錯誤的事；不過我們的眼神可以是柔和的，眼角略微下垂。我們的視線落在四周，而不是直視孩子、鎖定在他身上。我們的眉毛依舊平順，眼睛四周線條柔和而溫暖。柔和的眼神彷彿在說，「噢，親愛的……我愛你，但我不喜歡你做的事。」

校正你的反應

達賴喇嘛有句名言：「盡可能對人仁慈，你永遠有機會這麼做。」我從這句話感受到幽默與智慧。如果仁慈是一座山，許多條路可以通往山頂，有些是蜿蜒的森林小徑，還有些路面布滿岩石，陡峭但直達山頂。我們對家人的情緒反應也是如此，有時我們需要吸納孩子的挫折，這時我們關愛與撫慰人心的陪伴足矣。還有些情況是，我們必須表現出強大、明確和堅定的態度，讓孩子知道他越界了。當然，在這兩者間還有許多不同的情況。

運用同情心回應練習，你能得到改善校正反應的能力。你的工具箱裡不是沒有工具，但現在你觸手可及，並且很有自信地使用，甚至能拿到新的工具。有位父親寫信給我，提到他回應九歲兒子時左右為難的窘境：「我下定決心不要變成易怒或缺席的典型黑人父親。我脾氣不好，這從未帶給我任何好處，所以我自許，別讓兒子在充滿羞愧和恐懼的家中長大。我希望他長大後成為體貼、有愛心的人，即便我必須忍耐許多他不好的行為，我也從未對他吼叫，一次也沒有。我想我做得還不錯，但妻子對我很有意見，她覺得我對兒子退讓，總是由她

扮黑臉。此外，她愈來愈擔心兒子表現得像被寵壞
的孩子。我必須承認他的行為不太好，他對我無禮
和貪得無厭的態度也令我困惑，因為我很努力對他
好。這跟我原本想的不一樣，想請教您的看法。」

在接下來幾週，我們當面探討他「吞下」兒子
的行為造成的效應。有時這使他把自己的挫敗感發
洩在妻子身上，導致兩人的衝突增加。他也說兒子
在學校和朋友與老師的相處有點問題，他接著激動
地脫口而出，這也是個重要的時刻：「絕不吼叫的
承諾讓我很難受，因為有時我需要用更直接的方式
告訴孩子！」我們探討破壞性的憤怒與建設性的強
烈態度。「沒錯，可是我要怎麼不失控？因為那樣
場面會很難看。」

許多父母都曾面臨這種兩難。孩子挑戰他們
時，他們往往被動或猶豫不決，因為直覺的恐懼告
訴他們，如果他們有所反應，會做出後悔的事。父
母最常擔心：「我會變得暴力，會打孩子，或者我
會失控，對他們尖叫。」其他則擔憂發生更細小的
破壞行為，例如冷嘲熱諷、羞辱和各種拒絕的回
應，這些也使父母退縮不前。

與其否認或帶著罪惡感將恐懼封存，同情心回
應練習接受這些真實的懼怕情緒，使我們能夠處理

其來有自的恐懼。此外，它採取一個關鍵步驟：協助我們與恐懼融為一體，使我們得到解放，因而能在需要慈愛時對孩子溫柔，需要果斷時對孩子採取堅定的態度。

關於我稍早提到的那位父親後來如何？聽到有可能從自己困擾的狀況中脫身，他躍躍欲試。「我認真進行練習，因為我覺得它很有道理。」接著說：「每天早晨出門前，我只花一兩分鐘練習，睡前再做一次，我很驚訝它能揭露我之前置之不理的憤怒。剛開始練習時，我的目標是成為更果斷但絕不是怒氣沖沖的人，而練習的效果很好。三、四次之後，我變得更強大，而且是從好的方面來說，我兒子也發現我的改變，於是穩定下來。我好高興，就好像我拉開簾子，以截然不同的方式看見自己身為父親的角色。」這麼做甚至出乎意料的為父子的互動帶來了美好的改善。「驚訝的是，我兒子開始與我產生連結。某方面來說這沒什麼，他開始用普通的方式說話，不是說街頭俚語或是廢話。就好像我卸下了自我保護的盔甲，而他也照做。」最後他說：「妻子告訴我，我是個好爸爸。我叫她要用白紙黑字寫下，我們倆大笑……我到現在還在等她寫這張紙條。」

情緒的肌肉記憶

我們會為了生活中許多事情進行練習，比方說要在音樂會上表演或演戲，我們會排練到有自信演出為止；在考駕照之前，我們會上駕訓班，練習難以掌控的停車技巧；參加體育競賽前，我們通常會進行密集的訓練。練習的主要目的之一，是建立肌肉記憶，它能使我們在任何狀況下自動做出適當的反應，無論是在開車或是在比賽。而只有當我們一次又一次練習想要獲得的技巧，充分準備，才有這種效果。

在人際關係上，尤其是教養，許多人都忽略了練習——當然不包括閱讀本書的你！我們在書中第一部分，探討在親子關係中使你脫軌與失控的事。第二部分進行同情心回應練習，藉此準備好迎向孩子必然會帶來的挑戰。

練習得愈多就愈充分，孩子迷失時你也更能站穩腳步。最振奮人心的是，你的行動會逐漸發自內心，而不只是來自理論。隨著每天持續練習，幾個月後，你逐漸信任自己有能力站穩腳步，更加相信自己能處理家庭生活中的一切。

建立關係帳戶

與孩子真實且持久的連結，建立在一次又一次的互動之中。有人會說：「不要在小事上耗費精力。」但在家庭生活中，每天微小的互動才是關鍵，無論那是愉快的或辛苦的。找出你教養上的觸發點，學會如何整合挫折感，你就很有機會建立與孩子更健康而非艱難的互動。

在某個工作坊中，一位從事金融業的父親提供自己教養上的觀點，讓在場的我們哈哈大笑。他提到，我們為了與孩子建立關係所做的種種小事，都可以視為一種投資。他說，你今天做的事情會成為未來的大筆收益，例如當親子關係緊張，或你必須介入、限制子女某些事情時。換句話說，在往後困難的時刻，你可以提取稍早存入銀行的存款。好消息是，你有很多種累積存款的方式：有些很實際，例如在滂沱冷雨中替踢足球的孩子加油，或在賽後帶他去最愛的披薩店暖和身體，輕鬆談論比賽。有些情緒上的存款經年累月，逐漸成為高收益的投資。在衝突中，每次失控大吼都是支出；而每次站穩腳步堅定立場，都是收入。孩子藉由測試界線，學會如何面對人生，隨著他們長大成人，你會得到

許多在關係中投資的機會。在工作坊的尾聲，大家一致認同，很高興知道有個好方法，可以確保我們的收支平衡。

內在與外在相符

孩子具有辨別我們作假還是真實呈現的能力，雖然他們可能不知道這麼做是讀取我們內在發生的事，將它與我們外在的言行比對。如果兩者一致，就是真實呈現；如果不是，我們就是在假裝。若內在的感覺和外在的行動確實不一致，我們會令人感到「詭異」或「毛骨悚然」。這不是嚴謹的學術用詞或準確的術語，但很適合總結上述說法。

有位家庭生活不順遂的父親告訴我：「我這人很直接，如果孩子行為不當，我會生氣並且大吼，這樣我自己才過得去，至少孩子知道他們處在什麼狀況下。」我的回應是：「直來直往是好事，但如果你能保持冷靜，幫助他們解決問題，不是更好嗎？」我們聊了一會兒，他說：「我想如果我更鎮定，就沒有什麼過不去的問題。那麼孩子不但會喜歡我的立場，或許還會喜歡我這個人。」

我還記得某次載著一車剛打完棒球賽的14、15

歲女孩，她們發明一種稱為「冷靜尖叫」的遊戲。她們會挑一位老師或家長，然後由兩個女孩假扮這個大人。第一個女孩會用和藹但壓抑情緒的方式評論某事，例如：「噢莎拉，我對你相當失望。」然後第二個女孩會扯開喉嚨，聲嘶力竭吼出她想像中這個大人壓抑的心聲：「我痛恨你那麼做，你這個笨蛋！」女孩們聽完笑得東倒西歪，而我必須承認這很好笑。笑完後她們會選出下一個受害者，用有點壞卻洞悉一切的幽默，重新開始遊戲，然後又是一陣大笑。

這些大孩子從成人身上觀察到一些狀態，還能拿它來開玩笑，其實滿好的。這個遊戲有趣的同時，非常接近真實狀況。然而，年紀小的孩子沒有這種能力，他們遇到話語與情感不一致的成人時，會有不安全感。小小孩比大孩子更能敏銳察覺我們的內在狀況，他們似乎有超感應力，就像有第六感能看見他人的內在反應。根據幼兒大腦發展研究，他們不只能理解我們的內心生活，也能將其在自己內心重現。這是健康自然的現象，但如果孩子內在感受到我們的憤怒，我們的外表給他的印象卻是一切安好，就會使孩子極其困惑。結果造成接收到這種訊息的孩子要不是不信任我們，就是無法依靠自

己的感知能力。孩童早期的發展議題是「我能否信任他人？」以及「我安全嗎？」因此，如果我們的感覺和話語不一致，會嚴重危及我們與孩子的關係，以及孩子依附與連結我們的能力。

假如某位爸爸盡全力控制挫折感，用平常的方式說話，卻下意識觸動了警報時，孩子會怎麼做？我們可以仔細觀察動物的天性，從中找到答案。例如，當年幼的大猩猩感受到威脅時，牠會用後腳站直，耳朵張開，眼睛睜大，偵察危險。如果危機持續，牠要不投奔群體尋求保護，或獨自準備打鬥，如果其他方法都行不通，牠就躲起來，盡可能把自己縮小，一動也不動。當孩子內在的不安全感啟動時，也會經歷類似階段。首先，他們的神經系統會保持高度警戒，他們焦慮地盡可能吸收許多資訊。接下來，就像我描述過的，他們會用挑釁的行為試探我們。最後，如果持續感到困惑，他們會遠離我們，退縮到自己的內在世界。

沒有人希望這種令人沮喪的狀況真的發生，好消息是，事情可以不必如此演變。進行同情心回應練習，能提供處理你內在事物的簡單方法——正是這些內在事物觸動了孩子的警報。愈是將練習變成日常生活的一部分，在面對孩子的困難情境時，你

愈不用試著壓抑失控的情緒——方法是你願意認識
與探索自己的困境，敞開心胸接納那些與孩子相處
時曾激怒你的面向。這麼做能讓你的內在世界愈來
愈符合你的外在反應，孩子也會因為感受到這一
點，覺得更有安全感，與你連結更深。重要的是，
他們能信賴自己對你和你的情緒的解讀，因為他們
聽見你說的話、看見你做的事，能讓他們確認自己
的判斷是對的，以及他們的世界是美好的。

創造內在的平衡

我們總是讓自己不那麼美好、沒有助益的某些
面向，占據太多內在空間，導致那些關愛和不為人
知的成功，限縮在情緒自我裡的封閉小區，造成我
們的回應往往被負面的自我形象主導。當我們替自
己破壞性的行為合理化或找藉口時，會變得有防衛
心、侵略性，甚至很莽撞。以下例子能說明這種情
形，同時讓我們了解同情心回應練習的歷史。

在諮商職涯早期，我費盡心力設法幫助家暴的
加害者。這些為人父與為人夫的男人，參加各式各
樣的憤怒管理課程，在課堂上往往表現得不錯，但
一回到真實家庭，他們就會被激怒，落入情緒或肢

體暴力的行為模式。我仔細聆聽這些故事，其中有兩種顯著的模式：第一，他們對家庭成員抱持成見。他們會說，「我跟我家的老大相處沒問題，他是個好孩子，但女兒說話總是很衝又沒禮貌。」或是「我太太很刻薄，無論我怎麼做，她都會批評我。」對家庭成員的看法愈僵化，問題愈嚴重。

第二，幾乎所有家暴的男人都對自己的行為與造成的傷害，抱持深深的悲傷與罪惡感。他們習慣推開並否認自己的情緒，拚命忍受他們的羞愧感。可想而知，男人不想談這些事，他們會說，「對，我是很糟的人。就是這樣，沒什麼好說的。」這類想法總是在我把話題轉向他們的優點時冒出來，要花些時間才能破除。

最初我詢問他們，自認替妻小帶來什麼好處，他們往往被這問題嚇了一跳。身為父親或伴侶，有人連一個自己的優點都想不起來。也時常有人說，「噢，會做這個沒什麼大不了的。」這些正向的個性非常美好，充滿光亮，但在他們的情緒自我中，黑暗的羞恥感充斥各處、力量強大，優點根本無容身之處。他們會談起自己和孩子玩球，或陪他們做些小事、搞笑或關心孩子、態度溫柔、關注或保護孩子。當然，他們的確做了其他殘酷的事，但他們

不屑一顧的優點必須得到更多讚揚。

在我看來，我得先幫助這些紳士（沒錯，他們的靈魂中藏著溫柔的紳士），解開他們看待周遭事物一成不變的方式。不僅如此，他們必須承認自己美好而基本的能力。他們必須創造內在的情緒平衡，不只為了健康，也因為他們需要再次相信自己。每一位家庭成員的優點，包括他們自己，都需要更多空間和肯定。

多年來我以這樣簡單的方式與這些男人工作，極少有人再犯。最重要的是，他們需要看見孩子和伴侶有難以處理的行為，同時有美好的內在。藉此他們找到方法，當面對過去激怒他們的日常情境時，能離開狹隘、高高在上、破壞性的反應習性，進入更開闊、平靜與平衡的反應。

釋放內在的聲音

有個男人多年來深受憤怒所苦，他也會做同情心回應練習，某天他出其不意來到我的辦公室，我很高興，因為以前他不願意參加我們的聚會。那天他看起來很興奮，說他必須聊聊。「你知道我的過去糟透了，小時候大人對我很不好，那些事深藏在

我心裡。」他接著說，「但在某個重要時刻，有些事澈底改變了。」他坐在椅子邊，訴說這故事。

「這件事發生在昨天下午，我一定要告訴你，因為你會懂。我度過了漫長的一天，但我女兒死也不肯上車。我知道她明白我們接下來會面臨的處境，然後事情發生了……我很難形容那有多麼美好，我在跟孩子說話時，清楚知道她是在聽我說話，而不是聽我一團混亂的過去說話。我的態度冷靜，但這不是最不得了的，我就在車子旁邊告訴她，她不知道我有多愛她，她總是那麼有趣，也很有幽默感，但我現在需要她的幫忙，因為我們必須準時到媽媽家，我已經跟她的媽媽約好了。『我說到做到，寶貝，現在就是要做到的時候。』」這位爸爸停下來、點點頭，「這番話聽起來彷彿出自某個我的深層內在，或是遙遠的上方……我分不清楚，但這些字句不一樣，非常不一樣。我知道聽起來很怪，但我從來沒聽過自己真正的聲音。現在我知道那聲音聽起來如何，我很確定我可以再說一次，就是這樣。」

我們默默站著，過一會兒，雖然有點反常，但我們擁抱彼此，接著他離開了。幾秒鐘後他又開門說，「噢忘了說！後來我女兒立刻上車，綁好安全

帶——這以前一直是個大問題，我們一路唱著好笑的歌，抵達她媽媽家。然後她下車後，我哭了。」

改變反射性回應

我們被孩子激怒的次數太多，以致於我們很有可能發展出無效的回應習慣。負面習慣主要來自我們未解決的過往，然後悄悄成為下意識的行動，所以很難改正。為了將令人討厭的反射性回應，轉變為新的、健康的情緒肌肉記憶，你會需要大約一個月的時間，每天進行同情心回應練習。

把自己想成手肘重複拉傷的網球選手，又快又強的發球令對手聞之喪膽，但在擊球時手臂習慣性過度緊繃。物理治療師讓選手看一段動作力學影片，影片中顯現他打球的問題，於是選手換了一個更放鬆、更有延展性的發球方法。然而，新技巧感覺太鬆散、太容易，他擔心自己發球的力道沒有以前那麼強。為了能在比賽中運用新的發球方法，他一再練習。

他仔細而有意識地將新的發球方法拆成許多步驟，一開始感覺很怪，但他勤奮練習，以免又回到傷害手臂的舊習慣。漸漸他習慣了新方式，不用思

考就能做到。當比賽的日子來臨，他又驚又喜的發現，這順暢的新發球法，比過去的時速快了24公里，而且更精準、更能控制。

網球選手的情況也能套用在教養模式上。當孩子激怒你時，你或許會用強而有力、某種程度有效但不持久的舊方法對待他們。在本書第一部分，我們檢視你既有的無效習慣，並探究它們的問題源頭。在第二部分，你仔細建構出一種更有同情心的回應方式，並加以練習。

根據許多家長的回饋，他們通常要花三到四週做心像練習，才能準備好和孩子互動。在這快節奏的世界，花三到四週做內在練習似乎是件大工程，不過這項練習能帶來很好的報酬。讓我們計算一下，你被或大或小的狀況激怒的次數，加起來大概有好幾百次（而且如此令人挫敗）。進行三到四週、每天數次的同情心回應練習，每次一、二分鐘，加起來大約是40到50次。換句話說，只要花三到四週，我們就不再犯下多年來的錯誤——可真划算！不過我們不是在做生意，而是想給孩子安全緊密的家庭生活，這也是每位父母希望孩子能擁有的核心事物。

此外，積極進行同情心回應練習，能減少因外

力使我們不快樂的感受，並提供我們一條路徑，能實際而有力地取回控制權，讓我們一天比一天更能與家庭生活的希望和理想並行。

第十五章

享受成果

孩子的問題常常說來就來，毫無預警。或許那只是平凡的一天，孩子在玩耍或在做某個活動，而你終於能進行一些延宕已久的家事，但你女兒遇到小小的挫折，她聽起來需要你的幫忙，「現在！」你請她等一等，因為你剛才花了很多時間幫她準備她計劃要做的事。她一直催你，你說，「再幾分鐘就好。」不過你的聲音裡有一絲惱怒。她在另一個房間裡大吼：「等就等！」然後把某樣東西往地上扔，聽起來很像是那把你要她保證會愛惜的高級剪刀。接下來，你的孩子踩著很重的腳步、砰砰砰走進客廳，用力倒在沙發上，撞翻了一疊你剛摺好的

乾淨衣物。這時你的眼神變得很嚴厲，懷疑她故意摔剪刀和弄倒衣服。

　　以下是另一種截然不同的發展情況。你一邊做家事，一邊感覺到熟悉的憤怒開始攀升，但你沒有繃緊身體、準備跟女兒大吵一架，而是注意到身體感覺和逐漸累積的情緒──就好像你站在陽台，看著下方舞池的進展。你發現惱怒情緒逐漸升高，在做出其他反應前，你吸入挫折，釋放穩定情緒。你辦得到，因為你已經練習了好幾週。

　　這是第一個跡象，較健康的反應或許已成為你新生的情緒肌肉。你的眼神柔和，一波波細微的放鬆感傳遍全身，突然間，你想成為的那個真正的你就站在房間裡。孩子注視著你，等著看接下來發生的事，她感受到你內在某樣東西，如果她能用言語形容的話會說，「我媽沒有變得瘋狂可怕，她強大又溫和。」你告訴孩子，當她做某件事，沒有順利進行確實叫人難受。你提醒她，上週她做了一個很棒的桌遊，大家都玩得很開心。然後你態度堅定的告訴她，沒有好好對待貴重的工具，是絕對不被容許的行為。

　　你從陽台上發現，此刻你說話的聲音就來自自己──沒錯，那個聲音是有可能存在的，但它往往

被埋藏在複雜的情緒反應之下。你女兒還是不開心，但這時通常會爆怒或出言不遜的她，卻用比較柔軟的語調說，「噢我不是故意的。」你回答，「我知道你不是故意的。我們把衣服撿起來，摺好最後幾雙襪子，然後去看看哪裡出了錯。」你和她一起走進她在做東西的房間，輕柔的歡樂盈滿你的心；你幫她解決問題時，這樣的心情更明顯了。等你回頭做家事、撿起洗衣籃時，你才意識到那微小但重要的互動，和過去有多大的差別。

處在當下

對於某些養兒育女的外行人看來，這故事沒什麼。或許這位媽媽只是表現得冷靜，但對於每天都想在最佳狀態與孩子互動卻力不從心的父母而言，它代表巨大的轉變。我們從每一個情境中，一次又一次與家人堆疊起關愛與聯繫。當然，練習中順暢與激動的心像是重要基礎，我們在這基礎上更認識自己身為父母的角色。然而，花時間練習的真正價值，在於打破我們不樂見的、與孩子失去連結的舊模式，並將其融入生活經驗。要是我們能直接對孩子說：「先別對我做出不公平的指控。我必須冥想

一會兒，結束後我再回來找你。」這樣當然就好了（但聽起來未免太奇怪）。

　　由美國紐約漢彌爾頓學院的社會學助理教授潔姆‧庫欽斯卡斯（Jaime Kucinskas）主導的研究，足以重新思考靈性經驗。傳統觀點認為靈性經驗很少發生，且必須在離群索居的情況下才會發生。然而，她的團隊研究指出：「特殊的靈性且有意義的時刻，往往發生於人們的日常活動之中，而不是在人們獨處或休息時。」

　　為人父母都知道，我們很少能有獨處的寧靜時刻，因此這項資訊是好消息。更棒的是，我們不須等待隨機出現的靈性經驗，藉由簡單但有意識的準備，就能明顯增加真正活在當下的能力，與孩子的互動品質能從平凡無奇，晉升到意義非凡。到了華燈初上、回顧一天時，我們能看見互動關係的指標，這些指標使我們的家庭生活更加健康。在孩子失去方向時，培養自行穩定的能力，就和那些美好而有趣的時刻一樣神聖又特別。每一種關於靈性途徑的重要著作裡，都在描述協助弱小與苦難者的故事，很少有父母會因為幫助有需要的孩子而自封為聖人，但我們每一次這麼做時，都為家人帶來小小的祝福，使他們有整體感、神聖而且美好。

靈性化日常

許多冥想練習都能幫助我們更了解自己，目的是協助我們尋找內在的靈性層面，然而我逐漸發現，神聖會從我們的內在轉移到我們之間。冥想這個詞也源自於尋找中間地帶的概念，從這個意義上來說，冥想這種寧靜、獨自的練習，與解決問題的性質融合在一起，就像羅馬天主教的聖餐禮傳遞的訊息——麵包和葡萄酒的本質，藉由聖餐禮變成基督的身體和血。許多靈性儀式都代表著改變。

儀式包含的元素也可以帶入日常生活。我們能有意識地掌控與子女（或與任何人）之間可能會發生的憤怒互動，並將其轉化為一種新的相處方式。關於這點，史坦納有清楚的說明：

在未來，如果除了自己之外還有其他不幸福的人，那麼任何人都不會在享受幸福中找到平靜……每個人都該在其他人類中看到隱藏的神性……每個人都是由神性的樣貌所造。當那刻來臨，人與人之間的每次相遇，都具有宗教儀式的本性，如同聖餐禮。

孩子是我們生命中最寶貴的事物，因此我們會特別付諸心力，讓我們每次與孩子的情緒流動，都如一場小小的神祕聖餐禮也不足為奇。巧妙地將日常生活靈性化，就是將恩典帶入家庭生活。無須言語表達，孩子也能感受到。

「留心」帶來的禮物

活在當下，能使你注意到過去忽略的事。許多人都聽過「別只是站在原地，要付諸行動。」然而另一個觀點是「別只是行動，要處在當下。」

孩子遇到困難時，我們的內在有各式各樣的情緒擾動。可想而知，我們會把注意力放在處理這些情緒上，這表示我們可能會被困在自己內在的歷程中。試著弄清楚情緒是好事，不過在家庭生活中，有些情況會一發不可收拾。如果我們能迅速處理好內在問題，就能擦亮眼睛，看清楚孩子到底發生了什麼事，然後想出可以減少衝突的回應，讓日子過得更平順。

孩子的意圖

　　當我們找到方法，撫平被孩子激怒時產生的情緒騷動，結果如何？答案是我們送給自己「留心」的力量當作禮物，如此一來能把他們的行為，當成是在和我們溝通。對於親子關係最重要的事，現在展現在我們面前：孩子的意圖。

　　首先，如果運用同情心回應練習，你不太可能會糾結於孩子的行為。你能用柔和的眼光看著孩子，理解他在難過、受創或生氣時多麼脆弱。他剝下情緒外衣，而你可以吸納所有挫折的感受，將穩定的感受向外擴張，藉此保持鎮靜。

　　現在你更有機會理解孩童或青少年真正的意圖。年紀小的孩子或許正氣得把桌上的東西往地上丟，他原本想畫一個自己看到的動物給你看，可是他畫出來的動物「很蠢」，所以感到沮喪；或他原本打算和你分享你沒看見的某樣特別的東西。當你提醒家裡的青少女必須立刻整理房間時，她可能會悶悶不樂或脾氣暴躁，因為她原本想在晚餐後放幾首最愛聽的歌，然後花一整晚整理房間，這樣她不必感到匆忙、覺得被你強迫。當你把小小孩給你的一塊絲布折起、收進籃子裡時，他大發脾氣，因為

他原本想讓你感覺這塊布放在臉上時多麼柔軟。

即便孩子的意圖不那麼明顯，當父母穩住心情，關注當下，更能讓孩子敞開心房。如此一來，你就能窺見真正的問題源頭。

從自我控制到共同調節

當孩子發展出更大的自我控制能力，學會自己解決問題時，著實令人高興。我的大女兒第一次克服挫折感時，我真是鬆了口氣。我會在她試著把事情弄清楚時，坐在她身邊。父母必須在幫太多忙與疏離之間找到平衡點，有時孩子感到迷惘，需要我們用鎮靜的態度幫他找回自己。當我聽到她歡呼：「爸爸，我全靠自己克服了！」多麼暖心！

當然，孩子發展自我控制的捷徑，取決於身邊的大人能否有清晰的目標，穩定自持。在行為層面上我們意識到，如果希望孩子控制自己，父母要樹立自我控制的榜樣——或許我們只要知道這點就夠了。不過我第一次接觸到關於大腦科學中鏡像神經元的發現時，我有個關鍵「頓悟」時刻。根據科學發現，當我們進行某個動作時，大腦中被激發的神經元，與觀察他人進行相同動作時被激發的神經元

相同。然而，人類的鏡像神經元系統最強大的作用之一，是它不僅能幫助我們理解他人的肢體行動或語言，也能理解他們的思想和意圖。

這表示當成人保持穩定時，即便孩子很難過，他們大腦中的鏡像神經元會感受到我們的鎮靜，因而開始模仿，這麼一來孩子能和關心自己的成人一起調節情緒，藉此從崩潰中找到出路。

同步的兩顆心

另一個動人的科學發現，來自已故的人類與兒童發展專家約瑟夫・奇爾頓・皮爾斯（Joseph Chilton Pearce），這項研究為同情心回應練習的效益，帶來強而有力的證實。以下節錄自皮爾斯接受網站〈觸及未來〉（Touch the Future）的訪談：

讓我們來看看人與心臟的聯繫，這是非常有趣的研究。我已經談過心臟的智慧，每個人可能都認為這是個隱喻；它確實是，但它也是事實。你可以從心臟中取出一個細胞，放入適當的液體裡，讓它活一段時間。

有趣的是，與心臟分離的細胞，很快會失

去脈動，開始纖維化。它只會不規則地抽動
著，不久後自我毀滅並死亡。將兩個心臟細胞
一起放在玻片上，它們同樣會以上述方式纖維
化。這個可憐的小生物無法忍受從母體、從它
的來源被切下來——我們也是如此。如果與心
的聯繫被切斷，我們就會纖維化，只是我們需
要更長的時間才會死去。有趣之處在於，如果
你讓心臟細胞彼此靠得夠近，不必接觸，就算
它們之間存在物理屏障，這兩個心臟細胞就能
以某種方式相互溝通，並立即回到它們在心臟
裡的同步節律。

我當時在皮爾斯博士談論這個發現的講座現
場。當聽眾明白他話中的意思時，響起一陣倒抽一
口氣的微小聲音。如果只有在第二個細胞靠近時，
一個孤立和垂死的心臟細胞才能復活，並與第二個
細胞一起搏動，這和我們教養一個心煩意亂的孩子
非常相似。吼叫或怒氣沖沖地叫孩子回房間，是基
於拒絕與隔離孩子的管教方式，它會導致情緒顫
動。然而，如果我們不隨著孩子的反應進入激動的
狀態，而是保持穩定的節奏，就能讓孩子再次恢復
自我，並以此為基礎，與他建立聯繫。

第十六章

以價值觀為中心
vs
以孩子為中心

　　以孩子為中心的家庭，聽起來很合理也充滿了愛。然而有時「以孩子為中心」似乎是「由孩子主導」的代名詞。用意良善的父母原本希望慈祥體貼，卻不知不覺受制於孩子。

　　一位父親苦笑地說，他成了「孩子帝王的朝臣」。賦予孩子這麼大的權力和影響力，令整個家庭難以負荷；與我們預期相反的是，這也給孩子很大的壓力。當孩子被賦予這種角色，他們的行為似乎帶著絕望，他們會下達不切實際的命令，在父母

不能滿足要求時，這些孩子會勃然大怒。這種情況下，父母愈是試圖弄清楚子女出了什麼問題，情況愈糟。

解決方法在於改變家庭導向。簡單來說，父母必須讓價值觀成為家庭的中心，而不是把孩子放在中心。將思維從只專注孩子的需求，轉移到釐清與堅守對孩子與我們來說都很健全的教養信念，這是既重要又健康的態度。這些核心的倫理觀念必須成為家庭重心，如果做到這一點，我們的孩子不僅能感受到，還擁有安全感。

價值觀取向的家庭，彷彿擁有一口深井，每個人都可以在遭遇困難或複雜的情境時，從中恢復精力，重新開始。這口井能提供兩種長期的回報。首先，當孩子離家，不再直接受我們影響，他們眼前出現各式各樣的誘惑，必須獨自做決定。他們是否會跟著團體裡其他人一起欺負班上的新同學？或他們會默默支援新同學？他們會跟其他人一起順手牽羊，或是會走開？他們是否會接下別人遞過來的香菸，或是抱持謹慎態度、不遷就他人？

其次，當孩子長大、獨立生活，你努力給予他們的良善價值沃土，有助於他們將自己的價值種子深深扎根。

從小事開始

「價值觀」這個字意味著某種宏大、深遠而有哲學性的概念。最重要的價值觀是真理與正直。然而，我們希望過生活與養育孩子的方式，都是透過每天一點一滴與孩子互動所建立的。孩子幾乎每天都以某種方式挑戰極限，而我們對每一項要求的回應，能使家庭採取的立場更清晰。日復一日，某種可以定義的價值就會浮現。

我擔任中學的籃球教練多年，某次季前練習中，我無意聽見一群隊員提出質疑，他們不懂為什麼上一年度表現最好的球員，沒有獲得更多上場時間。其中一名球員說：「我知道贏球很重要，我明白。但我從小相信，我們必須讓每個努力的人都試試看。因此你的球技和態度一樣重要。」在訓練後的整理時間，我問男孩這麼說的原因，他回答：「態度是我父母一再重複的老話，有時聽了挺煩的，但我想這些話在我心裡根深蒂固了。」我說：「那你是怎麼想的？」他聳了聳肩、微笑回答：「我想我喜歡這個想法。」後來我指派他當隊長，他的作風對球隊有非常正面的影響力。他似乎沒有刻意怎麼做，那就是他的價值觀。

那一季我們的表現很好，他的領導方式在一場大型季後賽發揮很大的效用。賽後我遇到他的父母，談起他說過的話──態度是影響比賽的重要因素，以及這想法來自父母。他們倆睜大眼、笑得很開心，並說：「誰想得到呢！以前他總會反彈，說我們很無趣，但我們從不放棄。」那天他們離開體育館時，看起來就是一對非常快樂的父母。

釐清價值

許多父母對於孩子重複發生的不良行為感到困惑。有時候坐在孩子身旁，嚴肅告訴他們對你而言什麼事是重要的，這麼做很有用。然而冠冕堂皇的話到此為止。我在《簡單教養經》中寫道：「紀律是家庭價值的定義者。」使用的隱喻是雕刻大衛雕像的米開朗基羅。有人問他如何刻出這麼了不起的雕像，他回答自己沒有刻出它，而是把不屬於大衛的東西拿掉。他接著敘述，這形象也必須符合大理石的輪廓與質地，以及大理石如何與他對話。換句話說，他對於雕像，心中已有清晰的形象，他鑿掉一部分，以便顯露出他內在的心像，但他也不能忽略大理石本身的特質。我的重點是，米開朗基羅在

雕刻時的作法，和教養有方的父母類似。我們可以思索家庭運作的基石為何，這是件好事。慈祥與體貼，同理心與忠於自己，或許都出現在大部分父母的特質清單上。不過，就像米開朗基羅在工作室裡所做的，這些價值觀是透過多年來不斷去除多餘石塊而達成。我們的工作室就是我們的家庭，每一次用了不對勁的方式說話或做事，我們都能加以修正，採取另一個方式，釐清我們的理念。就好像雕刻家手中的大理石紋路，我們的孩子都有獨特的個性與習慣，我們每天與他們互動，但正是我們努力創造的深刻圖像，能給予家庭整體形象，特別是在遭遇困難時，那些能指引我們方向的事物。

心懷最終目標

書中我們使用了想像力與心像的力量。首先我們創造一幅心像，然後在實際層面上利用這幅圖像的力量。就像設計一座房子：一開始需要和建築師合作，再將設計圖交給營造商。如果沒有建築師的藍圖，營造商可能會做出意想不到的決定，最終你居住的房子可能與你所想的不同。擁有清晰的願景，其他人的想法就不會凌駕於你的想法之上。這

一點在養兒育女方面尤其重要，因為許多不確定的影響因素，可能會使你和孩子偏離你想要的方向和生活方式。

放慢腳步，判斷我們的倫理道德，思考它們在家庭生活中如何呈現，這就像一種工具，藉由它，我們每天都能表明對孩子生活的希望。如此一來，我們不僅能朝著心中的終極目標前進，也能每天都達成小小的目標。

瞭解自己的角色

孩子需要秩序才能成長茁壯。最近我在農夫市集，觀察祖孫三代相處的情形。祖母負責販賣烘焙食物與醃漬品，父親銷售蔬菜，這兩位成人擁有豐富知識和友善態度，回答客人對商品的詢問，讓客人有信心購買。現場很忙碌，他們的生意很好。兩個孩子的工作是確保兩張桌子上有足夠的商品，也會把空盒收進休旅車，保持賣場整潔，他們還負責接下父親和祖母收取自客人的現金並找零。

有些常客和孩子很熟，打招呼時他們會開心地揮揮手。整個買賣過程流暢，每個人各司其職，其中牽涉的不只是良好的組織能力，而是很清楚誰具

有怎樣的背景知識和技術，並做相應的工作。權力不是被迫產生，它既簡單又自然。我不禁想著，要是角色交換，讓孩了招呼客人、大人協助會如何？有些人或許覺得那樣的孩子很「可愛」（每當聽到有人這麼形容孩子，往往是指孩子「應對不恰當」），但幾乎可以確定，孩子無法讓客人產生購買的信心，大人也無法充分利用他們的智慧與經驗；這冒險的作法將不能讓大家發揮潛力，結果會無法賣出蔬菜和蛋糕。

同理，知道自己在家庭中的地位對孩子有好處，這不表示我們想要孩子覺得被大人壓抑和貶低，而是讓「各司其職」的概念在孩子心裡扎根，替我們帶來認同感。孩子知道自己的角色，能產生安全感，免於在情感上無所適從。

親友和其他人的影響

良好的家庭價值觀影響深遠，能挽回局面，特別是有時好心但不假思索或十分頑固的親朋好友，他們挑戰、忽視，並且打破你為孩子設下的規矩。與其讓結合家人的價值觀產生裂縫，你可以選擇更強有力的措施，也就是運用你耕耘已久的同情心回

應練習與理解，藉此將困難情況保持在仍可挽救的範圍，以免它陷入難以收拾的局面。

讓我們將上述互動方式，對照以孩子為中心的互動。每個家族可能都有位不聽話的叔叔或舅舅，他們偷偷讓孩子接觸過量的低俗媒體或精緻糖果，由此得到邪惡的快感。如果你在養育孩子時，讓孩子覺得自己是眾人焦點、獲得關注，且他們的需要凌駕於一切，那麼對於成人給他們的東西，他們很有可能毫不猶豫地接受。此外，把諸如此類的道德重擔加在孩子身上，對孩子並不公平。

如果你到和善的人家裡作客，而他們的生活方式和你的不同，你可能需要很有技巧地應付你們對待孩子的分歧。如果你覺得必須替你的教養方式辯護或道歉，這是不對的。你設法咬牙忍耐，在過程中嚥下你的懷疑以及對親戚作為的憤怒，這麼做也不會更好。

當你堅守家庭價值觀，情況會有所不同。以下是我個人以及其他父母的經驗分享。

- 以平靜但真誠的口吻說出什麼能給孩子、什麼不能，聽起來就不會顯得軟弱，或是咄咄逼人與無理。

- 你更有可能採取主動，在作客之前與孩子和親友溝通，替孩子設下界線。

- 你在孩子眼中是「真理」。他們或許不喜歡你不准他們玩好幾小時的暴力電玩，但還是尊敬你的堅持。

- 避免在開車回家的路上爆怒，指責親戚。這麼做會讓孩子既尷尬又困惑，甚至覺得他們必須在你和「有趣的」親戚之間做出選擇。

- 你可以讓孩子理解「無論人在哪裡，我們的生活方式不變」的原則。長期下來能向孩子傳達，即便其他人試圖破壞，孩子仍能捍衛自己的信念。

- 你不必在接下來的日子裡，氣呼呼的改正他人造成的失序，或處理幾個小時前玩得那麼開心，現在卻情緒超載、哭哭啼啼的孩子，這樣對誰都不公平。

小時候，多數人的父母會試著把孩子教養成有禮貌、品德高尚。因此當父母直接或間接挑戰你養育孩子的方式時，我想你很有理由對他們說：「您培養我良好的價值觀，我要感謝您，因為我的確有。我知道我教導孩子的方式跟您的不一樣，但那

是我的價值觀，我很堅持這些觀念，而且不會改變……這其實是您教我的。」即便你用挖苦的笑容說出這番話，但這千真萬確。

最後，以下是你如何確實堅守家庭美德的好例子。「我們一直用很基本的方式養育孩子。」一位父親寫信對我說：「我們當然是充滿愛的父母，我們和兩個兒子（七歲和九歲）相處很融洽，他們知道我們主導一切，他們也和其他孩子一樣喜歡挑戰界線，但我和妻子會不斷讓孩子知道，我們的家庭價值是尊重、為家庭付出，以及照顧彼此。我們認為，為重要事項達成協議並保持下去，會容易得多。這作法很簡單，很適合我們。」

「我姊和姊夫人很好，但多年來我看得出他們不同意我們的教養方式。他們常會批評我們對孩子太嚴格、我們兒子要做太多家事，而孩子需要更多自由時間。雖然他們沒當著我們的面說，不過他們這麼說了好一陣子，大家都知道。」

「有天姊夫來看我們的新壁爐。我們才裝了幾週，但已經教會孩子怎麼把木柴劈開、拖進屋裡，再放進壁爐和燒柴。姊夫回家前對我說，『我真是大開眼界。你向孩子示範怎麼操作壁爐，他們就照著你說的去做。我認識的其他父母會在壁爐前裝爐

欄，讓大家都很緊張，但是你的孩子很安全，因為他們會聽你的話。有時我認為你太嚴格，但今天看到你的孩子表現得很好，我才理解你這麼做的原因。』那天很忙，我直到晚上才告訴妻子他說的這番話。我笑得很開心，妻子帶著幽默感，一本正經的說：『真棒！但我希望這表示他以後再也不會在晚飯前買甜甜圈給孩子吃。』」

發現自我2.0

在一場自我情緒調節工作坊結束後，一位母親在日誌上寫道：「之前我一直無法確切指出，當媽媽後的我缺少了什麼，我深愛寶寶和我們的新生活，一開始沒什麼問題；但當他們長大時，我愈來愈精疲力竭。我老是把他們擺在第一位，時間愈久我愈忘了自己是誰……當我開始進行（同情心回應）練習時，我重新找到自己和我的信念。為人母之前，我盡力當個好人，但進行這個練習後，我意識到自己成為的那個人，比以前更能夠也願意替孩子設下他們需要的界線。一開始感覺奇怪，因為我不再時刻盯著他們，想著該怎麼幫他們解決，而是規定每天該做的事，讓他們去遵守。我不確定他們

會不會照做，但事實上他們會，而且比以前快樂得多。有時家庭生活的樣貌不只由你實際上做了什麼而定義，同樣由你選擇不做什麼而定義。」

　　從以孩子為中心，轉移到以價值觀為中心，是個很細膩的過程，然而如果能有效地達成，你會更強大。我把以價值為中心想成靈魂的經濟學，孩子會注意到這改變──雖然這並不是主要動機，更重要的是你強化了自己的核心，你從這核心做出各式各樣父母必須做的微小決定。在一天結束時，你可能依舊疲憊，但不會感到那麼糟或精疲力竭，而是更常感覺貼近自己的價值觀。只要順著這條路走下去，你會發現好事一直在發生。

第十七章

修復的重要

讀到目前為止，我們的焦點都放在當孩子迷失時，父母如何在事發那刻以穩定與有同情心的方式回應孩子。但假如你當時沒有在最佳狀態，也沒能好好控制，導致情況惡化，雙方情緒爆發或陷入冷酷與尖銳的沉默時，同情心回應練習也能幫助我們修復狀況。

表達同情心的重要

假設某天孩子真的惹惱了你，即使你之前的同情心回應練習都做得很好，但你還是搞砸了——你

沒有處理好自己的挫敗感，反而對孩子吼叫或憤怒離開。這是否意味著你會像受到桌遊「蛇梯棋」啟發的夢境那樣，一路被拋回到起點？當然不是。要療癒許多人都經歷過的這種情況，關鍵就在即時修復。一位母親說，在怒氣沖天後，她幾乎立即能做到這一點，令人印象深刻。大多數人都需要時間讓自己的腎上腺素和皮質醇代謝，然後才能在內心重組自己，回到孩子身邊修補問題。通常需要15到20分鐘，我們才能找回生理和情緒的平衡。重要的是讓孩子知道你很沮喪，需要一些空間才能振作。父母可以這麼說：「我現在要安靜幾分鐘。等我們都感覺好一點時，再來討論這個話題。」或者：「我現在需要一些空間。」一位父親會以自嘲的方式告訴孩子，「別戳憤怒的熊。」

即便如此，盡快修復關係至關重要。如果孩子身上有正在流血的傷口，你會立刻為他塗消毒藥膏、貼OK繃，防止感染。當你和孩子間的情況失控，因而承受情感創傷，也必須如此處理。

一位有三個孩子的母親寫下深刻的例子，說明即便從長遠看來，關係還是有修復的可能。「我不太會大吼大叫，而是陷入恐怖的沉默，變得憤怒嚴苛。我就是拒絕溝通。」她娓娓道來：「所有人都

躲著我，整個家會被暴風雨般的陰霾籠罩幾天，直到我恢復正常。我處在非常孤獨的境地，這模式持續多年，直到已是青少年的大女兒指責我，她說我或許已漸漸放下這些情緒，繼續過日子，但她做不到。她說小時候每次我生氣，她都很害怕我不再理她，而這都是她的錯，她將會孤伶伶地被留在世界上。她說這種情形無論發生多少次，她都是這麼覺得。這使她產生焦慮的問題，每次我不說話，她就在我們之間築起愈來愈多的保護屏障。我告訴她這讓我想起平克‧佛洛伊德的歌曲〈牆上的另一塊磚〉（Another Brick in the Wall）。她沒聽過這首歌，所以我唱出一小段：『總而言之，這只是牆上的另一塊磚。』她哭了出來，說那就是她的感受。我答應她我們之間再也不會有任何磚頭。」

有些特定因素使得一位好母親陷入這種情境，主要是因她有個反應過度的前夫，造成她壓抑情感，不去表達自己，在家裡尤其如此。起初她探究什麼事使她脫離正軌，然後她回想起自己曾是慈祥又充滿愛的母親。接下來她每天進行練習，接受自己的不足並讚美自己的長處後，她和孩子的關係開始改善。她在電子郵件的最後寫著：「即便多年來我處理得很糟，我還是很欣慰現在我和女兒們的關

係能修復。如果磚頭能一塊塊疊到牆上，我也能用同樣的方式把它們移開。我現在正這麼做，孩子也漸漸回到我身邊。」

搞砸了也沒關係

某次我問一群青少年，實境節目為什麼那麼受歡迎？他們看著我，好像我根本狀況外，然後回答：「因為那些鳥事發生在別人身上，而不是我們自己。」聽了這黑暗的真相，所有人哈哈大笑。然而教養這件事情，它正發生在我們身上。教養孩子時，我們必須放下對自己的批判，清楚知道我們已盡了全力，同時做出微不足道的、或誇張的、形形色色的，而且可能是公開的蠢事。在這方面我們可以運用ERIC法則，這是我造訪美國瓦薩奇中學華德福學校時，碰巧在教室牆上看見的，它簡單的力量深深震撼了我。ERIC法則說明錯誤可以被：

E：預期（Expected）

R：尊重（Respected）

I：檢視（Inspected）

C：改正（Corrected）

本書示範的同情心回應練習，是一種強大的方式，讓父母教養時降低犯錯的恐懼。如果在你的控制與能力下，沒有把事情做對的簡單方式，那麼焦慮可能犯錯也是正常現象。對錯誤一笑置之，不要試圖辯解或掩飾錯誤，不僅是健康的生活方式，也能做孩子的榜樣。讓孩子承擔適當的風險，接受有失敗的可能性，他們才有機會表現最佳狀態。這是人生關鍵技能的基本能力，我們叫做「毅力」。我希望各位父母能逐漸明白也能親身體認，你可以放鬆一點，接受自己會不時犯錯；探究錯誤從何而來，然後放下擔心，因為現在你已有能進行必要修復的特定工具。

修正航道

古希臘神話中的英雄傑森首次與亞戈號船員出航時，目的是為了尋找金羊毛。故事中，傑森的道路絕對不是筆直的康莊大道，他的旅程充滿一連串誤判，種種偏離航線的事件，以及進行必要的修正。在曲折的旅途中，他造訪許多奇妙的地方，經歷許多冒險，他必須動用所有資源，才能引導自己和船員繼續安全航行。他心中曾浮現自我懷疑，但

在解開謎語、克服艱險時，又興高采烈。每次經歷都使得他更有智慧一些，但遭遇下一次困境時，還是需要幾經奮鬥才能找出答案。在此同時，傑森繼續引導船隻朝目標前進。

我讀到亞戈號的故事時，立刻聯想到教養之路。我們對孩子充滿希望，在他們身上看到我們想培養的潛力，然而我們踏上的，鮮少是一條康莊大道。養育孩子比較像是一連串修正航道的過程，在這之中我們明白自己偏離目標，於是調整，再回到正途。這個目標驅策我們前進，防止我們停滯不前，變得冥頑不靈又徒勞無功。雖然這不是什麼開創性的領悟，生命中卻少有其他部分像教養那樣，表達出既實際又日常的概念。

在現代社會，我們的情況艱難。現代人對掙扎與痛苦愈來愈避之唯恐不及。然而不可能無時無刻都朝正確的方向前進，有時我們一定會出錯。我們可能會想避免造成迷途的狀況，或隱瞞它，希望它就此消失；無論哪種狀況，都會讓我們錯失生命給予的重大學習經驗。更重要的是，我們失去修正道路的機會，因而離目標與真正的意圖愈來愈遠。原本只是短暫不愉快的重新修正，變成有著極大後果、擾亂情緒的挑戰，因為我們離正途已太遙遠，

要花比原先更大的力氣才能修正回來。利用我們學會的工具，我們可以正視小卻痛苦的教養時刻，探究到底出了什麼事，藉此避免之後得做出痛苦的大幅度更正。

重建溝通管道

在事情出錯、父母想矯正時，他們最常想到的問題是：「我要不要跟孩子道歉？」簡單說句抱歉是沒問題的，尤其是對年紀較大的青少年。然而對年紀較小、前青春期或某些青少年來說，更能打動他們的反而是我們重新振作、反省自己的能力，以及我們用溫暖又清晰的態度陳述哪裡出了錯，和我們想要表達的事。例如，在你又一次撿起12歲兒子的鞋子、放回該放的地方後，他經過你身邊，把書包丟在你旁邊的地板上，這時你瀕臨崩潰……就在書包裡的東西翻倒在地板上時，開罵必備詞：「你」、「每次」和「從來沒有」已充滿在你情緒爆炸的控訴中──這絕不是優雅迷人的時刻。

以下是可行的方法，使你有修復關係的空間。首先你離開現場，並說：「我不是這個意思，給我一點時間。」你走到隔壁房間，深呼吸，做一件現

在你知道該怎麼做的事：張開心的雙臂，把你的挫折感帶入內心，吸收它，接著吐出對於自己能力與穩定性的了解。可以進行三次，只要花一、二分鐘，有需要可以更久，感受內在的轉化，讓內心告訴你，自己再次找到平衡感了。

你再度走進廚房，兒子正在吃一大碗麥片。你問他：「你還好嗎？」他聳聳肩、點點頭說好。你說，「你進門時我說錯話了，我不想傷你的心，但顯然我很沮喪。」他眼睛睜得很大，茫然望向前方，好像在說，「噢好……」不過他正吃到一半，你注意到他的眼神，繼續說，「我生氣不只是因為鞋子或書包，我已經忍耐了好一陣子，因為我總覺得你不把我當一回事，我知道你不是故意的。但我想說的是，我希望你能更配合，把東西放回原位。」如果氣氛還不錯，你或許還可以說，「今天吃完晚餐，我想聽聽你的想法。不必談太久，但我們得解決這件事。」

對話中的關鍵句是：

1.「我說錯話了，我不想傷你的心。」
2.「我想說的是……」

這樣的修正對話是為了和你兒子溝通,並且示範當你做得太過分時,你有能力發現也會承認錯誤。他同時看見你願意探究自己的情緒,因此可以表現得更理智。更重要的是,你向兒子示範情緒失控時,不必替自己辯護或保護自己;而是承認錯誤,藉此明白說出什麼事情讓你難過,以及你需要的是什麼。你向孩子示範的是個相當重大的人生技能,雖然說句:「抱歉,現在讓我們忘了這件事。」也是選項之一,但它太過空泛,事情還是沒有解決,既不會帶來深刻的思考,也不能提供學習的機會,或形成實際的解決方案。

這種重新建構的作法,久而久之能成為你得心應手的工具。由於你使用同情心回應練習,有這兩種重要的選擇:

1. 防止自己落入更糟的怒氣高漲模式,因為你手上有健康的修復工具,需要的只是創造接近它的空間。
2. 你可以用同情心回應練習療癒與修復關係。

能不失控當然最好,但與其孤單而羞愧地站在關係鴻溝的一邊,此時有其他方式讓你擁有尊嚴而

真誠，建構你和孩子之間自然的、堅固的橋樑。

伴你前行

有幅幫助孩子度過難關的美好圖像，與划船和划獨木舟的活動有關。我同事陶德‧沙納（Todd Sarner）首次將「伴你前行」的隱喻帶入教養方式。划獨木舟的人如果要幫助其他人，他必須划到另一人的獨木舟旁邊，看看對方需要什麼。這表示兩艘獨木舟都要朝同一個方向前進，提供協助的人不需要做出誇張的救援行動，比較像是表現出「我和你在一起」或「我來幫忙你了」。

「伴你前行」的能力也表示你能控制自己的船。如果自己的船失去控制，那你也幫不上忙。我希望本書提供的關鍵能力，是主動維持穩定或恢復沉著姿態。以下是「伴你前行」的技巧，以及如果我們陷入自己的問題時，會發生什麼事。

1. 留意孩子的求救信號，而不只是挑他毛病。
2.「我看得出來有事讓你煩心」而不是「你每次做錯事的態度都很差」。
3. 讓母艦改變航道，而不是一意孤行、繼續朝

　　　錯誤方向前進。

4.「讓我們一起來看看到底怎麼了？」而不是
　　「你老是搞不懂！」

5. 靠近孩子，而不是從遠處吼叫指揮。

6.「當……時，你確實會難受。」而不是「聽
　　好，如果你想找我談，你知道我在哪！」

7. 讓船航行在航線上，駛入安全的港灣，而不
　　是拒絕或忽視。

8.「過來坐在我身邊。你可以幫助我了解這件
　　事嗎？」而不是「給我振作起來，不然就回
　　房間去！」

9. 修復關係，而不是忽視或破壞關係。

10.「我們該怎麼做才能解決這件事？」而不是
　　「噢拜託，事情沒那麼糟。」

重建神經反應

　　家中有人發怒，所有人都不好受。孩子可能感
到脆弱，但正如我們之前討論過，這種敏感性可以
快速修復，因為孩子情緒受傷時，情緒處於高度警
戒狀態。在這成人與孩子的動態中，我們的力量強
大，他們會想從我們身上尋找接下來會發生什麼的

線索，這是大腦內很原始的生存策略。他們會在內心自問：「媽媽會更生氣嗎？」或者是「爸爸會冷靜下來嗎？」如果我們能改變行為，那怕只改變一點點，透露一絲後悔的語氣說，「噢我說錯話了。讓我靜一下。」他們會明白至少我們的行為沒有朝嚇人的方向演變，那麼他們就會停止戰逃反應。

運用同情心回應練習，在某個重要的層面上，我們就是在調節神經系統。這會使雙方進入共同協調的狀態，孩子就能有足夠的安全感，願意把心打開，吸收與模仿你控制良好的情緒。

在這意義上，我們藉由一個又一個情境，訓練自己從古老的生存機制，進展到喚起我們協作的大腦中心，藉此重建神經反應。假以時日，孩子會模仿我們的行為，如此一來，他們也能啟動同理的神經途徑。

堅定立場

一位生活並不順遂的年輕人走在街上，一群想惹事的小混混接近他，口出穢言。他們說的話既粗俗又具有針對性。年輕人看著他們，用清楚又帶點幽默的聲音說：「不如說些連我都不知道的事情

吧。」可能的危機就此化解，小混混離開了。這名年輕人有很多選擇，但他謹慎的以正向態度建構人生，和一群善良而專業的人一起探索問題。因此有人當街丟出他的缺點時，他能承認並保持冷靜。最重要的是他憑直覺辨認自己能控制哪些事，他的安全也取決於此。他不可能阻止小混混口出穢言，但可以控制自己的反應。他也這麼做了。

修復態度和關係屬於你可以影響的範圍，沒有人能勸你不要把擔憂、焦慮和困難都往心裡去。無論挑戰多麼大，你都能自由地發揮聰明才智、平和穩定與良好的能力。你不動聲色，但又無所不能。沒有人能強迫你或嚇阻你，因為你有能力拿掉情境中的助燃物，避免熊熊大火。沒有人能刺探並暴露你的個性，藉此操縱你。因為你太了解自己的瑕疵，這些缺點不會在你意識的黑暗邊緣徘徊，造成危險。你讓溫和但清楚的光照在你的缺點上，用心探索並接納。

這並不表示你心中再也不會升起不安和恐懼，但是現在你有方法、用正確的角度看待。我們不時會遇到一些人，他們身上有某些種難以定義的「特質」；我們也許可以這麼說：「他們認識自己。」

當你培養內在的這些特質，安全感、寧靜的自信與愈來愈強的自我認知，都會變得更加明顯。

家庭情緒氣氛

我們的情緒以及我們處理情緒的方式，對孩子的行為造成很大的影響。我們在單身或有孩子前可以擺臭臉，唯一困擾的是我們自己（那時多麼美好）！現在成家，我們彷彿生活在一個不斷出現情緒回聲的房間，我們說的每一句話都被解讀、放大、傳到街坊鄰居和更遠的地方。一位父親形容得很有趣：「我女兒小時候總是觀察我的狀況。她會接起電話，然後很有禮貌的說：『是，他在家，可是他在生氣。』」這位父親又說，「現在她到了青春期，還是會做一樣的事，只是現在做得更好，更叫人尷尬。」

總是覺得有責任做個仁慈又善良的人，這麼想是個重擔。同情心回應練習能給你實際的策略，以便觀察你的抱怨，接受它然後吸收它，辨認自己沒有被這些情緒拖垮；並在情緒惡化之前，轉移家庭的能量。

原諒自己

　　木書多次探討我們無法擺脫的真理，那就是教養是條獨一無二的自我發展之路。生命中沒有其他面向像教養那樣，將父母溫柔的美夢和殘酷的現實、超強的力量和敞開的弱點，以及決心跑完全程的受傷馬拉松跑者的耐力，和不巧喝了許多咖啡的紐約計程車司機的萬般不耐……互相碰撞融合在一起。最重要的是，我們從靈魂深處感受到無私與不可救藥的愛，這裡沒有人求援，也沒有人提供救援。每一次失足犯錯，父母都必須面臨一種惱人的可能性，那就是我們以某種方式傷害了孩子，這感覺很差。自我懷疑掠過心頭：「他有沒有看到我有多不清楚狀況？」「她會不會告訴朋友那些我讓她失望的事？」「他們長大後會不會恨我？」

　　然而，讓自己面對種種恐懼，溫柔但有自信地將它們帶入光中，就可以讓我們看見恐懼的真正面貌：我們用愛的熔爐加熱並鍛造自己，讓自己正直而堅強。如果我們能給這幅圖像足夠的空間，讓它成為簡單的事實，那麼當我們再次對孩子做錯事，會發生一件特別的事：我們會發現，能原諒自己，並知道現在我們擁有鐵匠具備的工具，能將不完美

的原料，轉換成替家人打造堅固居所的工具。

　　原諒自己對父母來說並不容易，然而走出懊悔的陰影，以完整的樣貌接受自己，就能獲得解放。無論高峰或低谷，我們都能默默擁抱這部分的自己，如此一來，就能站在真正的立足點，用真正的聲音說話。

結語

　　希望我真心分享的這些家庭生活，好的、壞的與看似平凡的時刻，能讓你在遇到難題時不那麼孤獨。正如我在書中所寫，每則故事都是善良、有愛心的人們送我們的小禮物。尤其對父母而言，這些人訴說的故事，能引導我們走出對自己感到失望與羞恥的黑暗之地，示範如何對我們共同的不幸一笑置之，讓我們更能接受自己的瑕疵，面對新的一天，也感謝自己替親愛家人創造的美好。

　　這是本特殊的教養書，它的焦點不是孩子；反之，本書是探索成人的自我情緒調節，因為這與家庭生活息息相關，並且給了我們空間遊歷內在的風

景，這是我們不常允許自己做的事。

每次我坐上飛機、等待起飛時，心中會浮現出以下這個貼切的隱喻，似乎能總結父母關照自己內在的必要。

空服員做著例行工作，告訴乘客發生緊急事故時，幫忙孩子之前要先戴上自己的氧氣面罩。有時我不禁想著，其他在看空服員示範的人是否也領悟到，為了在嚴重亂流和迫降時求生存，安全指示與身為父母必須做的事情之間的關係。

我必須忍住衝動才能不去騷擾坐在隔壁的乘客，跟他說這隱喻有多麼貼切。因為身為父母，我們該做的第一件事就是加強自己幫助孩子的能力，才能有效確保他們的安全。

儘管我已明白這道理，每次起飛前我還是像個傻孩子般，很期待聽到空服員的安全指示。而每一次當他們提醒我優先戴好自己的氧氣面罩時，我都會相當肯定的回答：「我會這麼做。」

附錄：
準備同情心回應練習的詩句

總是照看著我命運的
親愛的守護者
從清醒直到睡夢中，
在時間的長河裡：

願我滿懷希望的思緒，
藉由你深入我的內在。

願我從意志的泉源擷取力量
帶著我們走向自由。

願我從智慧的泉源擷取光明
溫暖內心深處。

願我從愛的泉源感受到平靜
祝福我們的工作。

——亞當‧畢托斯頓
〈代禱（給自己）〉
根據原文改編

總是照看著……（這裡說出孩子的名字）命運的
親愛的守護者
從清醒直到睡夢中，
在時間的長河裡：

願我滿懷希望的思緒，
藉由你來到孩子的內在。

願這孩子從意志的泉源擷取力量
帶著我們走向自由。

願這孩子從智慧的泉源擷取光明
溫暖內心深處。

願這孩子從愛的泉源感受到平靜
祝福我們的工作。

　　　　　　　　　　──亞當·畢托斯頓
　　　　　　　　　〈代禱（給需要幫助的孩子）〉

願尋覓我的事件
來到我面前
願我以寧靜的思緒
經由我們走在其上的
天父和平的地面
迎接它們的到來

願尋覓我的人們
來到我面前
願我以理解的心
經由我們活在其中的
基督不止息的愛
迎接他們的到來。

願尋覓我的靈性
來到我面前
願我以清澈的靈魂
經由我們藉此看見事物的
療癒的靈性之光
離接它們的到來

──亞當・畢托斯頓
〈對抗恐懼〉
摘自《今日的冥想禱文》(*Meditative Prayers for Today*)

光從傷口進入你。

你的善行是神聖之愛的七彩翅膀,在你分享之後的許久,依舊縈繞不去,鼓舞他人。

你的靈魂中有生命的力量,尋覓那生命。你身體的山脈中有寶藏,尋覓那礦脈。噢旅人啊,如果你尋覓的是

那，就不要向外看，請望向你的內在去尋找。
你已看見我墜落，現在請看我躍昇。
當你尋覓路標時，請背著你的行李向靜默行去。

——魯米

———————

我的慷慨贈與如大海般無邊無際，
我的的愛也如大海般深不見底；
我愈給予就愈豐盛，因為兩者都無窮盡。

——莎士比亞
《羅密歐與茱麗葉》

———————

凡勞苦擔重擔的，可以到我這裡來，
我必使你們得安息。
我心裡柔和謙卑，
因此你們要負我的軛，且要跟我學，
你們魂裡就必得安息；
因為我的軛是容易的，
我的擔子是輕省的。

——馬太福音 11:28-30*

我們原不是顧念所見的，乃是顧念所不見的，
因為所見的是暫時的，所不見的才是永遠的。

— 哥林多後書 4:16-18[*]

上帝，請賜給我平靜的心，接受我不能改變之事，
請賜給我勇氣，改變我能夠改變之事，
並且賜給我智慧，讓我分辨兩者的不同。
不要成就我的意思，只要成就祢的意思。

——雷茵霍·尼布爾（Reinhold Niebuhr）
〈寧靜禱文〉（Serenity Prayer）

弱者無法原諒他人。寬恕是強者的特質。

——甘地

這就是我的立場，我不得不如此。

——馬丁·路德

在未來，如果除了自己之外還有其他不幸福的人，那麼任何人都不會在享受幸福中找到平靜……每個人都該在其他人類中看到隱藏的神性……每個人都是以神性的樣貌所造。當那刻來臨，人與人之間的每次相遇，都具有宗教儀式的本性，如同聖餐禮。

——魯道夫・史坦納
《天使的工作》（*The Work of the Angels*）

我們必須根除靈魂中對未來的所有驚駭與恐懼。
我們必須獲得所有對未來的安詳情緒與感受。
我們必須抱持絕對的平靜，望向可能發生的一切。
我們必須抱持這唯一的想法，那就是來到面前的一切，
都是由充滿智慧的世界為我們引導而來的。
這是我們在這個時代必須學習的一部分，也就是要憑藉
純粹的信任來生活，不依賴任何存在的安全感，相信靈
性世界永遠提供幫助。
我們也必須每天早上與傍晚，在自己內心尋求這種覺醒。

——魯道夫・史坦納
〈勇氣冥想〉（Meditation for Courage）

* 聖經經文中譯引自聖經恢復本。

沒有責怪，沒有說理，沒有爭辯。只有理解。如果你理
解，也展現出理解的態度，你就能去愛，情況就會改變。

——一行禪師

我不是我
我是與我並肩行走的這個人
我看不見他
有時我會去拜訪他
有時我會忘記他
當我憎恨時，他原諒，體貼
當我說話時，他保持沉默
他走路時我沒有
我死時他依舊筆直站立

——胡安・拉蒙・希梅內斯（Juan Ramón Jiménez）
〈我不是我〉（I Am Not I）

參考資料

Chilton Pearce, Joseph. "Pregnancy, Birth, and Bonding." Touch the Future, 1984. https://ttfuture.org/files/2/members/sym_jcp_birth.pdf.

Coelho, Paulo. *The Devil and Miss Prym* [O Demônio e a Srta. Prym]. New York: HarperCollins, 2006.

Common Sense Media. "Landmark Report: U.S. Teens Use an Average of Nine Hours of Media Per Day, Tweens Use Six Hours." November 3, 2015. https://www.commonsensemedia.org/about-us/news/press -releases/landmark-report-us-teens-use-an-average-of-nine-hours-of -media-per-day.

Csikszentmihalyi, Mihaly. *Flow: The Psychology of Optimal Experience.* New York: HarperCollins, 1991.

Francis. *Gaudete Et Exsultate of the Holy Father Francis on the Call to Holiness in Today's World*. Libreria Editrice Vaticana, March 19, 2018. http://w2.vatican.va/content/francesco/en/apost_exhortations /documents/papa-francesco_esortazione-ap_20180319_gaudete-et -exsultate.html.

Henley, William Ernest. *A Book of Verses*. London: D. Nutt, 1888.
Herzog, Werner. Interview on *Fresh Air*. National Public Radio, October 29, 1998.

Kucinskas, Jaime, Bradley R. E. Wright, D. Matthew Ray, and John Ortberg. "States of Spiritual Awareness by Time, Activity, and Social Interaction." *Journal for the Scientific Study of Religion* 56, no. 2. (August 2017): 418–37.

Mintel Press Team. "The 'Rents Are Alright: Over Half (58%) of UK Children Say Their Parents Are Their Best Friends." Mintel Press Office, July 15, 2015. http://www.mintel.com/press-centre/ social-and-lifestyle /the-rents-are-alright-over-half-58-of-uk-children-say-their-parents-are -their-best-friends.

Tsukayama, Hayley. "Teens Spend Nearly Nine Hours Every Day Consuming Media." *Washington Post*, November 3, 2015. https://www .washingtonpost.com/news/the-switch/ wp/2015/11/03/teens-spend -nearly-nine-hours-every-day-consuming-media/?utm_term=.4dda c2c5b62e.

Williamson, Marianne. *A Return to Love: Reflections on the Principles of A Course in Miracles.* New York: HarperCollins, 1992, pp. 190–91.

KNOW HOW 004

擁抱孩子的脆弱時刻：實踐慈悲、關愛的12個教養練習
Being at Your Best When Your Kids Are at Their Worst :
Practical Compassion In Parenting

作　　者	金‧約翰‧培恩（Kim John Payne）
譯　　者	何修瑜
責任編輯	盧心潔
協力編輯	李冀
美術設計	王瓊玉
插　　畫	劉彤渲（染渲森森）

總 經 理	伍文翠
出版發行	知田出版／福智文化股份有限公司
	地址／105407 台北市八德路三段 212 號 9 樓
	電話／(02) 2577-0637
	客服信箱／serve@bwpublish.com
	心閱網／https://www.bwpublish.com
法律顧問	王子文律師
排　　版	陳瑜安
印　　刷	富喬文化事業有限公司
總 經 銷	時報文化出版企業股份有限公司
	地址／333019 桃園市龜山區萬壽路二段 351 號
	服務電話／(02) 2306-6600 #2111
出版日期	2023 年 11 月　初版一刷
定　　價	新台幣 420 元

ISBN　978-626-97206-7-5
版權所有 請勿翻印 Printed in Taiwan
如有缺頁、破損、倒裝，請聯繫客服信箱或寄回本公司更換

BEING AT YOUR BEST WHEN YOUR KIDS ARE AT THEIR WORST
by Kim John Payne
© 2019 by Kim John Payne
Published by arrangement with Shambhala Publications, Inc.,
2129 13th St, Boulder, CO 80302, USA,
www. shambhala.com through Bardon-Chinese Media Agency
Complex Chinese translation copyright© (2023)
by Bliss & Wisdom Publishing Co., Ltd
ALL RIGHT RESERVED

擁抱孩子的脆弱時刻：實踐慈悲、關愛的 12 個教養練習／
金‧約翰‧培恩（Kim John Payne）著；何修瑜譯．-- 初版．
-- 臺北市：知田出版，福智文化股份有限公司，2023.11
240 面；12.8×18.8 公分．--（Know how；4）
　　譯自：Being at your best when your kids are at their worst:
　　　　　practical compassion in parenting

　　ISBN 978-626-97206-7-5（平裝）

　　1. CST: 親職教育　2. CST: 親子關係　3. CST: 親子溝通

528.2　　　　　　　　　　　　　　　　　　　112014787